Colección
Cuadernos Jean Monnet
sobre integración europea fiscal y económica

6

A la integración desde el aula: una vía para la cohesión social y económica en Europa

José Alba Alonso
(coordinador)

Universidad de Oviedo

Ediciones de la Universidad de Oviedo
Servicio de Publicaciones de la Universidad de Oviedo
Campus de Humanidades. Edificio de Servicios.
33011 Oviedo (Asturias)
Tel. 985 10 95 03
https://publicaciones.uniovi.es/
servipub@uniovi.es

Este libro ha sido sometido a evaluación externa y aprobado por la Comisión de Publicaciones de acuerdo con el Reglamento del Servicio de Publicaciones de la Universidad de Oviedo.

Esta Editorial es miembro de la UNE, lo que garantiza la difusión y comercialización de sus publicaciones a nivel nacional e internacional.

ISBN: 979-13-87540-05-0
D. Legal: AS 3072-2024

A quienes trabajaron por una Unión Europea
donde la educación ayude a mejorar la sociedad

L'avenir appartenait à une jeunesse neuve dont nous ne connaissons plus
les rêves. Tout ce que nous pouvions faire était de lui transmettre
le cadre solide d'une Europe organisée démocratiquement
Jean Monnet

Índice

Presentación

La bibliografía sobre la integración europea es amplísima y aborda diversos temas, en particular concernientes a los aspectos económicos relacionados con la ya insuficiente clasificación de Jacob Viner, con un armazón jurídico innovador o tocantes a la dimensión política y a la implicación europea en el ámbito del desarrollo sostenible.

Sin embargo, no resalta particularmente la investigación, y por consiguiente no se producen publicaciones en torno a la relación que ha de darse entre un conocimiento y aprecio de la integración europea, el desarrollo y el reforzamiento de objetivos que la población europea sienta como propios. Hay múltiples estudios, diríase que dispersos, que tocan certeramente unos u otros componentes, pero sin pretender identificar la importancia de ligar unas y otras cuestiones.

Parte este libro de la premisa de que la Unión Europea, con sus fallos, constituye un éxito sin precedentes, habiendo debido innovar a cada paso, integrar sucesivamente a países que no estaban siempre en las mejores condiciones y superando viejos problemas. Y tiene en consideración, igualmente, que no parece haberse encontrado la forma en la que se difunda un conocimiento de lo que ha sido el proceso de integración, de forma que los europeos puedan guiarse mejor en sus actuaciones.

Constituyen magníficas excepciones algunos trabajos como el excelente informe sobre la Identidad europea en la escuela española, publicado por la Fundación 1 de Mayo en 2022, o el clarificador informe del Parlamento Europeo, que glosa una ejecutoria importante, pero tal vez desconocida, también del mismo año y que viene a proponer un conjunto de medidas de gran interés.

La Cátedra Jean Monnet lleva años desarrollando actividades para promover y facilitar el conocimiento de la Unión Europea entre el alumnado de educación primaria y secundaria, trabajando con quienes desarrollan su actividad docente en dicho ámbito, así como con el Movimiento Europeo y muy diversas entidades, especializadas o no, que tienen alguna relación con la temática de referencia.

La educación en valores europeos no es algo aislado, con las aportaciones que se agrupan en este volumen se pretende contribuir a valorar lo que supone y ha de suponer para la integración europea el desarrollo de unas pautas concernientes a la educación que tengan en cuenta materias que no parecen haber encontrado un hueco en los muy exigidos sistemas educativos de los diversos estados, y en particular en el caso español.

La selección de temas a tratar se ha hecho pensando en considerar algunos de los asuntos centrales, no todos, como es el caso del proceso de Bolonia o la Formación Profesional, pero tocando temas que permitan vislumbrar una mayor dimensión en la educación. Y esto propicia que se consideren aspectos tan relevantes como el Camino de Santiago o la identidad europea, amén de algunas incursiones novedosas, como la que se plantea en el ámbito de la inteligencia artificial.

Un breve repaso a los capítulos resulta esclarecedor en relación con el planteamiento expresado. Se inicia la monografía con un capítulo en el que el profesor Negrín aborda una perspectiva histórica extensa, que ayuda a comprender por qué es tan importante saber quiénes somos y qué es lo que hemos ido forjando durante siglos, pero particularmente a lo largo de las últimas décadas, cuando, como dice, algunos países «volvieron» a Europa.

Los profesores Rodríguez, Álvarez Arregui, Bethencourt y Grossi hacen un análisis de los desafíos profesionales en un mundo cambiante, abordando planteamientos estratégicos que influyen decisivamente en la adaptación europea a exigencias productivas y sociales para las que se han configurado vías y herramientas que han de favorecer un desarrollo acompasado.

Una reflexión de quien ha desarrollado altas responsabilidades como ministro, senador y eurodiputado, nos permite comprender la importancia de la Formación Profesional en Europa. Se trata de una perspectiva muy útil en momentos en los que España enfoca una educación dual en la que cabría decirse que fue pionera, cuando el general Elorza organizó la formación de la Fábrica de Armas, en Asturias.

La convergencia en educación superior merece un capítulo propio, que es el que ha desarrollado la profesora Hernández, insistiendo en la cooperación transnacional en el marco del Espacio Europeo de Educación Superior, que ha permitido una mayor excelencia e integración, constituyendo un magnífico ejemplo de los beneficios que pueden procurar actuaciones en materia de educación.

En el capítulo sobre vías complementarias a la integración social y económica se hace un repaso de los desencuentros entre la realidad y la percepción, y se aboga por la educación como fórmula para solventar esa carencia de conocimientos que la población europea tiene sobre su propio devenir.

En un segundo bloque, se estudian experiencias de algún tipo que tienen que ver con la educación en Europa y sobre Europa. En tal sentido, no podría faltar un elemento articulador como es el Camino de Santiago, y resulta especialmente útil adentrarse en lo que se propone a los escolares y su contribución a la cohesión social, como hacen magníficamente los profesores Castro, Conde y Feijóo.

Pasando de Galicia a Asturias, se recoge en el capítulo de Margarita Fernández Mier y Jesús Fernández una reflexión y los resultados de haber puesto en práctica experiencias innovadoras transversales. La unión de investigación en el ámbito universitario con actuaciones en la escuela y en torno al desarrollo rural han acumulado gran éxito en la trayectoria recorrida.

Por otra parte, las experiencias llevadas a cabo en el marco de la cooperación académica tienen un ejemplo que viene al caso cuando se atiende a alguna de las múltiples colaboraciones internacionales de las universidades españolas. El profesor Gascón nos permite conocer aspectos educativos, muy europeos, del hermanamiento entre Clermont Ferrand y la institución universitaria asturiana, sin perder de vista otras referencias, como la correspondiente a Bochum.

Finalmente, y también como resultado de una experiencia educativa, se incluye un tema que ha suscitado ya enorme discusión. Lo que se presenta es el resultado de un trabajo realizado por estudiantes universitarios en el marco de los Seminarios de Economía Aplicada de la Facultad de Economía y Empresa de Oviedo. Ante la preocupación que se suscita sobre los problemas que pudieran derivarse del uso indebido de la inteligencia artificial, han tratado de analizar cómo esta es abordada en la UE, estudiando en la práctica la posibilidad de detectar fraudes académicos relacionados con ChatGPT.

Este conjunto de textos confluye en la idea de que resulta imprescindible pensar en una educación en Europa y para Europa, que tenga en cuenta la Historia y las TIC, pero que, sobre todo, que sea consciente de la difícil difusión de conceptos complejos en torno a realidades exitosas, tan importantes que se perciben como parte del paisaje. Y se concibe con una perspectiva muy amplia, en la que colaboran estudiosos de distintos campos, quienes aportan una visión que profundiza en la educación y en la integración, pero sin olvidar como los valores desarrollados en la Europa de los 27, que no la de los mercaderes, constituyen un motivo para la autoestima y la profundización en ideales universalmente reconocidos, y que tienen una de sus mejores representaciones en el resultado de tres cuartos de siglo de integración.

José Alba Alonso

Valores e identidad: la importancia de conocer la historia de Europa

José Antonio Negrín de la Peña
Universidad de Castilla-La Mancha

1. Introducción

Un año ha pasado de la invasión rusa a Ucrania. Sin tener claro cómo se van a ir sucediendo los acontecimientos futuros, lo que se ha puesto en evidencia es que la invasión rusa no solo ha ido contra la soberanía y la libertad del pueblo ucraniano, sino que, también, ha ido en contra de los ideales de Europa. Parece evidente que una de las causas del conflicto, es la «occidentalización» creciente del gobierno ucraniano, ora por su expreso deseo de formar parte de la Unión Europea, ora por su anexión a la OTAN. ¿Qué hace tan interesante a un país que fue parte de la Unión de Repúblicas Socialistas Soviéticas (URSS) querer formar parte de la Unión Europea? ¿Qué principios y valores existen por el mero hecho de ser europeo? ¿Por qué los ideales que representan Europa pueden ser entendidos como algo peligroso y amenazante para potencias como Rusia o China? ¿Qué representa Europa que no representan estas potencias?

Los valores de Europa, la idea de Europa, lo que representa Europa en el siglo XXI, se ha ido forjando a lo largo de la Historia. En este capítulo se intentará explicar, desde algún apunte histórico, el valor intrínseco de ser europeo y la necesidad de defender esa identidad, no solo por un supuesto trasnochado patrioterismo identitario y exclusivo, sino por la defensa de la Democracia, de los Derechos Humanos de 1948, o de un Estado de Bienestar cimentado en una Economía Social de mercado, siempre desde el pacifismo y una Europa integradora desde la diversidad.

En sentido estricto, estas líneas no pueden ser una Historia de Europa, solo pretenden ser unas reflexiones sobre la identidad de Europa desde la Historia para defender su estudio y conocimiento. Un apunte histórico de cómo los ideales europeos se fueron forjando a través del tiempo y del encuentro de culturas y civilizaciones. Una historia que surge en los albores de la civilización y que terminará cuando en Roma se firme un Tratado que culminará el principio de un sueño… Un sueño que es necesario conocer para entender lo que somos, desde lo que fuimos y queremos ser (y defender).

2. Algunas ideas previas

Decía el Preámbulo de la fallida Constitución de la Unión Europea,[1] estudiada por Hernández, Mendoza y González (2020) que,

> INSPIRÁNDOSE en la herencia cultural, religiosa y humanista de Europa, a partir de la cual se han desarrollado los valores universales de los derechos inviolables e inalienables de la persona humana, la democracia, la igualdad, la libertad y el Estado de Derecho, CONVENCIDOS de que Europa, ahora reunida tras dolorosas experiencias, se propone avanzar por la senda de la civilización, el progreso y la prosperidad por el bien de todos sus habitantes, sin olvidar a los más débiles y desfavorecidos; de que quiere seguir siendo un continente abierto a la cultura, al saber y al progreso social; de que desea ahondar en el carácter democrático y transparente de su vida pública y obrar en pro de la paz, la justicia y la solidaridad en el mundo, CONVENCIDOS de que los pueblos de Europa, sin dejar de sentirse orgullosos de su identidad y de su historia nacional, están decididos a superar sus antiguas divisiones y, cada vez más

[1] «El 18 de junio de 2004, los máximos representantes de los veinticinco Estados miembros en ese entonces de la Unión Europea adoptaron de común acuerdo el «Tratado por el que se establece una Constitución para Europa». El Tratado Constitucional fue firmado en Roma el 29 de octubre de 2004, iniciándose entonces la correspondiente fase de ratificaciones por parte de las instancias nacionales, en las que al menos 11 de los 25 Estados anunciaron su ratificación mediante referéndum o consulta popular. A través de este mecanismo de aprobación inició el fracaso (…) Bien entrado el año 2006, se contaba con 18 Estados que llegaron a ratificar el Tratado Constitucional (16 por vía parlamentaria y 2 por referéndum: España y Luxemburgo). No obstante, el rechazo francés y holandés hirió de muerte al Tratado Constitucional y provocó que los factores de miedo y rechazo se propagaran no solamente entre ciudadanos, sino también entre políticos y parlamentarios». https://eur-lex.europa.eu/legal-content/ES/TXT/PDF/?uri=CELEX:52003XX0718(01)&from=DA. (Consultado el 18-3-2023).

> estrechamente unidos, a forjar un destino común, SEGUROS de que, «Unida en la diversidad», Europa les brinda las mejores posibilidades de proseguir, respetando los derechos de todos y conscientes de su responsabilidad para con las generaciones futuras y la Tierra, la gran aventura que hace de ella un espacio privilegiado para la esperanza humana, DECIDIDOS a continuar la obra realizada en el marco de los Tratados constitutivos de las Comunidades Europeas y del Tratado de la Unión Europea, garantizando la continuidad del acervo comunitario, AGRADECIDOS a los miembros de la Convención Europea por haber elaborado el proyecto de esta Constitución en nombre de los ciudadanos y de los Estados de Europa.

La lectura de este *Preámbulo* justifica por sí solo el necesario aprendizaje de la Historia para entender los valores que definen a la Unión Europea, comenzando por su significado y continuando por sus avatares políticos, culturales, bélicos o diplomáticos que nos han configurado tal y como somos. No se entendería nada de nuestro presente, sin entender nuestro pasado y difícilmente caminaremos hacia el futuro, si no asumimos nuestra historia, con sus luces y también... con sus sombras.

2.1. Europa como concepto

Es conocido, por lo menos por la pasada generación de estudiantes de la Educación General Básica (EGB), que el mapa de Europa físico se identificaba con el territorio que comprendía las tierras desde la península ibérica hasta los montes Urales, en la extinta Unión Soviética, distinguiendo en este territorio la Rusia europea de la asiática. Europa posee unas determinadas características geoclimáticas que favorecen su desarrollo económico: es una plataforma atlántica (de alguna manera se la ha visto como una península de Asia), lo que le permite disfrutar de una matizada suavidad climática por la acción de la corriente del golfo y con un alto índice pluviométrico, y le hace «disfrutar de una especial suerte geográfica» para tener unas condiciones favorables al desarrollo de la agricultura y la ganadería. También posee una excelente conectividad fluvial y marina, que le permite unas buenas comunicaciones entre la periferia y el interior de Europa, siendo un factor de relación frente al exterior.

En lo político, Europa además cuenta con una serie de territorios de ultramar que amplían el concepto Europa.[2]

Un simple vistazo al mapa europeo nos matiza ideas que, por obvias, no se deben olvidar y más en el actual contexto geopolítico que vivimos. El primero de ellos es que no es lo mismo hablar de la Europa «física» que de la «política». La segunda idea, –contrastando los mapas físicos y políticos– es delimitar las fronteras de Europa, o dicho de otra manera ¿qué es y qué no es Europa? Y, la tercera, es que **no es lo mismo hablar de Europa que de Unión Europea** y que, por lo tanto, la identidad de Europa que aquí se quiere defender, va más allá de la que se define y defiende en la Europa de los 27 (Figura 1), si bien el deseo de gran parte del resto de Europa por ser miembro del «Club UE», hace que esos valores europeos se identifiquen con los principios e ideales de la Unión Europea.

Figura 1. Los estados miembros de la Unión Europea

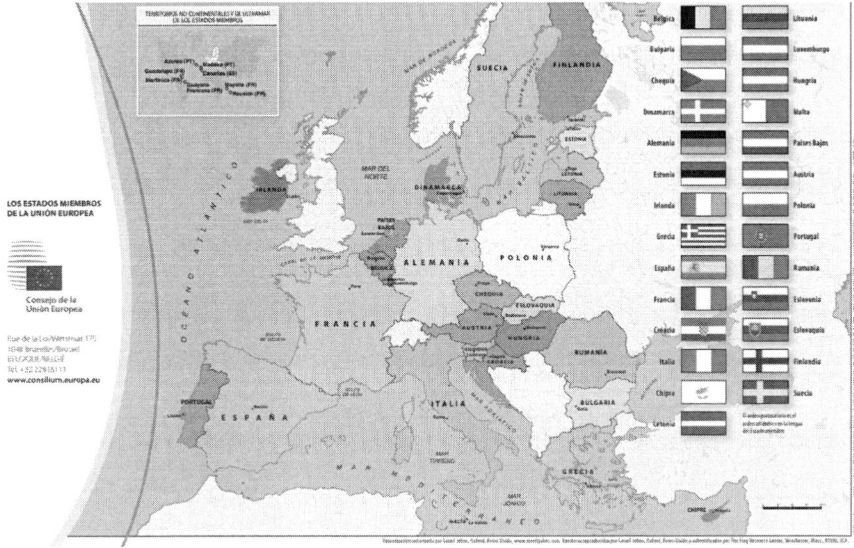

Fuente: Consejo de la Unión Europea, The Member States of the European Union, Publications Office, 2020, https://data.europa.eu/doi/10.2860/082123, Spanish

[2] En la Constitución española de Cádiz de 1812, se hablaba de la España peninsular y de la España de ultramar. Tan España era Sevilla como Ciudad de México. Extrapolando esta idea, tan Europa es París como Santa Cruz de Tenerife, aunque físicamente se encuentre en el continente africano.

2.2. El nombre de Europa es Europa[3]

Es conocido que, en el panteón de la mitología griega, Europa era una princesa, hija de un rey fenicio. Un día, mientras ella y un grupo de amigas estaban en la playa, Zeus, –el dios supremo de los antiguos griegos– la vio y se enamoró inmediatamente de ella. Para conseguir seducirla, Zeus tomó la forma de un toro amable y pacífico. Europa, confiada, comenzó a acariciar el toro y se sentó sobre su lomo. Este se levantó repentinamente yendo, hacia el mar y llevándose consigo a Europa. El toro Zeus no paró de nadar hasta llegar a Creta donde adoptando de nuevo forma humana, tuvo tres hijos con Europa, uno de ellos, Minos, rey de Creta y «*dux Europaeus*». Una de las muchas versiones que corren, cuenta que el rey Agenor, padre de la princesa Europa, al saber lo ocurrido, corrió a la orilla del mar gritando su nombre y mirando hacia Occidente.[4] «Y viendo hacia dónde dirigía su mirada, terminaron llamando Europa a aquella tierra, allende el Mediterráneo».[5]

Más allá de lo mitológico, parece que el concepto de Europa es griego y se podría incluso afirmar que, si nos atenemos al mito, lleva consigo una visión orientalista, es decir define el «Occidente» desde «Oriente», el Oeste desde el Este, como si se abriera un nuevo territorio a «civilizar» desde un antiguo reino «civilizado». Desde este punto de vista, a Europa se la llama así, desde Asia, diferenciando desde el primer momento dos entornos físicos, pero también culturales.

3. La identidad europea a través de su historia

En este trabajo se intenta presentar los valores europeos desde un punto de vista histórico que no quiere ser ni limitativo, ni exclusivo pero que justifican la

---

3 *«Stat rosa pristina nomine, nomina nuda tenemos»* (=De la primigenia rosa solo nos queda el nombre, solo conservamos nombres desnudos) Eco, Umberto (1987). *El nombre de la Rosa*, Círculo de lectores, Barcelona, pág. 455.

4 http://www.historiasiglo20.org/europa/integra.htm. Consultado el 27 de febrero de 2023

5 https://confilegal.com/20181104-quien-era-europa-y-por-que-nuestro-continente-lleva-su-nombre/#:~:text=Una%20de%20las%20muchas%20versiones,tierra%2C%20allende%20el%20Mediterr%C3%A1neo%C2%BB. Consultado el 27 de febrero de 2023.

necesidad de conocer la historia de Europa para definir los valores que nos identifican como europeos.

3.1. La identidad de Europa en el mundo antiguo

Europa, –en su origen como civilización–, surge desde influencias culturales mesopotámicas y egipcias, matizadas y enriquecidas por el mundo judeo-helénico.[6] En esta génesis de la idea de Europa, –y desde ese punto de vista occidentalista que se tenía desde oriente–, no cabe duda de que los pueblos del mar jugaron un papel importante, y que caben diversas interpretaciones de fuentes en las que no cabe profundizar en un capítulo no específico al respecto, si bien accesibles (Bancalari, 2011). Si se acepta que Minoicos y Micénicos son las primeras culturas mediterráneas con una clara intención «exportadora» y divulgativa de una manera de pensar y en definitiva de ser, son los fenicios los que al explorar y colonizar mediante las colonias frumentarias[7] el Mediterráneo con ánimo comercial, –difundiendo la Talasocracia, el poder del comercio a través del mar– los que definieron un marco económico y, por ende, un lugar de encuentro entre comerciantes, pero también de culturas y sociedades. «Heródoto visualiza el continente europeo como extendido y amplio; el mayor de los tres, en una clara óptica y visión de una trilogía helénica–mediterránea–europea donde los griegos ejercen una influencia y matriz radical, en el sentido de constituirse etnográfica y culturalmente como la mejor zona de vida civilizada» (Bancalari, 2013, pág. 48).

---

6 Se podría «adelantar» el europeísmo de nuestros ancestros desde que el *Homo sapiens*, conquisto Europa desde África, hace 20 000 años: «El mayor estudio genómico sobre cazadores-recolectores revela que, tras el Último Máximo Glaciar, de hace más de 20 000 años, los pobladores ibéricos reconquistaron Europa». https://www.elconfidencial.com/tecnologia/ciencia/2023-03-01/adn-espanol-peninsula-refugio-edad-hielo-nature-granada-malalmuerzo_3584416/ Consultado el 27 de febrero de 2023. Recientemente se ha demostrado que, en cuevas granadinas, resistieron al último periodo glaciar los europeos que, posteriormente poblaron Europa, cuando los hielos fueron desapareciendo. Tal vez, –solo tal vez–, la identidad europea de aquellos *Homo sapiens* superviviente a las inclemencias climáticas, marco con su carácter y valor, una manera de ser (europea).

7 Colonias para el abastecimiento de las ciudades estado de origen de Tiro y Sidón.

Así pues, se pueden sacar dos ideas primigenias sobre los valores identitarios europeos del mundo antiguo. Por un lado, la clara vocación occidentalista desde los pueblos de oriente a través del Mediterráneo y el gusto por el comercio que, –más allá de lo meramente mercantilista–, denota, al menos, un determinado gusto por las relaciones humanas y los intercambios.

En ese marco mediterráneo, surgirá desde la península helénica la civilización griega con todo lo que el mundo clásico aportará al proceso civilizador y, por ende, a la caracterización de Europa. La lengua, la cultura, el arte, la mitología, la política... serán señas de identidad de una determinada manera de ser y también, de una determinada manera de vivir. El profesor Fernández Navarrete, por ejemplo, afirma que la cultura europea surge en las ciudades griegas libres y que, desde sus orígenes, el concepto de Europa se ha asociado a la independencia y libertad como respuesta al despotismo circundante (Fernández Navarrete, 2022, pág. 23). Libertad e independencia frente a despotismo, ideas claves del ser y la esencia de Europa que tienen su origen en Grecia, y aunque la helenización simplemente se circunscribiera a las orillas europeas del mar Mediterráneo y del mar Negro, estos enclaves fueron puertos de entrada de un hecho diferencial frente a culturas y pueblos más retrasados en el proceso civilizador. Roma tomará el testigo y exportará, con una impronta nueva y particular, ese proceso helenizador. El modelo, –al que se puede denominar como grecolatino–, será el dominante en todo el periodo expansivo de Roma que le llevará más allá de las costas mediterráneas para adentrarse en el interior de Europa, definiendo las primeras fronteras culturales europeas.

El Imperio romano puede que no se identifique, –ni geográfica ni políticamente–, con esa idea de Europa como una unidad territorial amplia de libertad e independencia, pero no cabe duda de que la Europa del siglo XXI es heredera de Roma. Europa es lo que es, por ser lo que fue. Roma, bajo el mandato del emperador Marco Ulpio Trajano Antonino Augusto, conquistó la parte occidental del Imperio arsácida (partos), abarcando zonas de las actuales Turquía y del Cáucaso (partes de Georgia y Azerbaiyán y toda la actual Armenia). El Imperio, no obstante, no llegó al centro de la Europa de germanos y vándalos. La «romanización» llegó por una doble vía: la asimilación de la cultura grecolatina por su superioridad civilizadora y por la expansión del cristianismo una vez que se convirtió en la fe del Imperio. Lengua, cultura, arte, economía, infraestructuras, fe... la huella de Roma es profunda y definitoria del carácter y valores europeos.

3.2. La identidad de la Europa medieval

La Europa del siglo v, –una vez caído el Imperio romano de occidente–, es una amalgama de distintos reinos y pueblos resultantes de la fusión romano-germánica en lo político-administrativo y judeocristiana en lo espiritual (moral). Europa lo componen reinos antiguamente romanizados, que ahora están gobernados por pueblos germánicos (visigodos, ostrogodos, vándalos, alanos, francos o burgundios); pueblos germánico no romanizados (anglos, sajones, yutos, bárbaros, alamanes, turingios, longobardos o escandinavos); pueblos celtas no romanizados (bretones, escotos, pictos, cántabros o vascones); pueblos bálticos, eslavos, nómadas orientales (magiares) y pueblos todavía bajo la órbita del Imperio romano de Oriente (griegos y otomanos).

Como se puede ver, una miscelánea de pueblos y culturas que tendrán un principio unificador: el avance y auge del cristianismo. Es motivo de debate el papel del cristianismo en la identidad europea. Lo que es innegable es que su expansión fue una realidad en el medievo y, de alguna u otra manera, marcó unas reglas de moralidad, ética y comportamiento que, con sus matices, han pervivido hasta el presente. También es cierto que, desde que Constantino el grande se convirtió a la religión cristiana, la práctica religiosa, se fue convirtiendo en legislación, haciendo que el cristianismo no solo fuera la religión oficial del Imperio, sino que, además, se convirtiera en ley. Lo que en ese momento supone un nexo común entre los pueblos evangelizados de Europa, y un código moral de comportamiento (y legislación) común, será también uno de los caballos de batalla, en siglos posteriores, en el enfrentamiento por la predominancia de los mandamientos de la ley de Dios sobre la ley del hombre, de la religión sobre la ciencia, de la razón y de la experimentación sobre la fe.

Por otro lado, es generalmente aceptado, que el periodo comprendido entre el siglo V y el año 1500, –fecha en que se suele situar el final del feudalismo–, se va a caracterizar por una etapa de fusión de las instituciones germánicas con las romanas (North, 1984), definiendo un característico formato institucional, administrativo y político. Al Imperio carolingio, con su máximo exponente en el emperador Carlomagno (748-814), se le ha asociado un resurgimiento de la cultura y las artes latinas, herederas del Imperio romano de occidente, forjando una identidad europea común dentro de sus fronteras (gran parte de la Europa occidental y central, Italia y la Marca Hispánica). Actualmente, Carlomagno es considerado no solo como el fundador de las monarquías francesa y alemana, que le nombran Carlos I, sino también como «el padre de Europa», a quien se han dedicado infinidad de monografías, insistiendo en su papel protagonista (Barbero, 2018).

Heredero del Imperio carolingio, –y de su desmembramiento tras el Tratado de Verdún del 843–, nace otro proyecto unificador identitario europeo: el Sacro Imperio Romano-Germánico, nombre derivado de la pretensión de los gobernantes alemanes de continuar la tradición del Imperio carolingio, reviviendo el título de *Emperador Romano* en Occidente como una forma de conservar el prestigio del antiguo Imperio romano.

No hay que dejar de lado la impronta musulmana en la Europa medieval. En el 711 las tropas de Tariq invaden la península ibérica. En su avance hacia el corazón de Europa, los ejércitos musulmanes serán derrotados en la batalla de Poitiers en el 732, lo que limitará sus dominios en Europa, a la península ibérica. Esta batalla frenó la expansión musulmana hacia el norte y es considerada por muchos historiadores como un acontecimiento de gran importancia histórica, al haber impedido la invasión de Europa por parte de los musulmanes y preservado el cristianismo como la fe dominante durante un periodo en el que el islam estaba sometiendo gran parte de los territorios del Imperio romano de Oriente (Black, 2006, págs. 49-50).

Más allá de lo «unificadora» que resultó ser la fe o el entramado institucional germano-romano, cultural y artísticamente, la identidad de la Europa medieval va a venir marcada esencialmente por dos estilos arquitectónicos: el románico y el gótico. Podría decirse que esos dos estilos, esas dos formas de interpretar la espiritualidad en los nuevos entornos urbanos, describirá una manera de ser europeo a través del arte. El románico, construyendo templos de gran grandeza y, por su parte, la arquitectura gótica que no deja de ser una evolución del arte románico, aunque contraponiéndose en gran medida a él, en realidad la arquitectura gótica surgió como una evolución arquitectónica lenta, continua y segura de lo que había sido el templo románico (García Ortega, 2012). El incremento de la autoridad episcopal en un entorno de crecimiento urbano hará de la arquitectura gótica una expresión del arte episcopal y ciudadano, frente al carácter monástico y generalmente rural del románico. El esplendor del gótico se verá favorecido por un nuevo espíritu en el desarrollo de las ciudades, por la generalización en estas de ferias y mercados y la aparición de nuevas órdenes religiosas. El gótico, como arte europeo, mantendrá elementos unificadores en cada país, pero con matices diversos en cada uno de ellos (Lozoya,1948). Las catedrales de Santa María de Regla de León, la Santa Iglesia Catedral Basílica Metropolitana de Santa María de Burgos, la de Notre-Dame de París, o Notre-Dame de Reims, son símbolos identitarios de Europa.

Otro instrumento vertebrador de la identidad de la Europa medieval fue el Camino de Santiago. En el año 818, el anacoreta Pelayo comunica a Teodomiro, obispo de Iría Flavia, que había descubierto una tumba gracias al resplandor de unas estrellas. Esa tumba era la del apóstol Santiago. A partir de entonces, peregrinar para rezar ante la tumba del apóstol, visitar el templo consagrado para ello y la ciudad fundada a su alrededor se convertirá en un hito europeo. Viajar a través de Europa, hasta llegar al Finisterre europeo (y del mundo) Santiago de Compostela, se convirtió en una de las aventuras y experiencias más apasionantes que el ser humano podía (y puede) vivir. El Camino de Santiago se convirtió en un camino europeo, que representaba su ser y su esencia, en el que se mezclan valores como la fe, la superación, el encuentro con uno mismo o la enseñanza a través del conocimiento del camino. Lo mismo que las vías romanas vertebraron el Imperio, la ruta jacobea sirvió para que una Europa cristiana, encontrara un referente, una estrella a seguir.

Son muchos los valores que marcan, en la Edad Media, la manera de ser europeo, tal vez sean las palabras del profesor Truyol las que mejor definen, y resumen, estas ideas,

> Europa en cuanto a realidad cultural y política ha nacido, pues, del seno de la Cristiandad, bajo el signo de la diversidad: diversidad religiosa, diversidad política, diversidad lingüística (...) Desde entonces, caracteriza a Europa una tensión entre tendencias centrífugas de esta diversidad y las tendencias centrípetas de elementos comunes herederos de la tradición y constitutivos de su especificidad, como la filosofía griega, el derecho romano y la religión cristiana.[8]

Europa está en predisposición de exportar sus ideales y valores más allá de sus primigenias fronteras. Europa quiere superar el lema de las columnas de Hércules, –*non plus ultra*–, y descubrir nuevos mundos.

3.3. La Europa de los Estados modernos

Poco se diferencia como concepto la Europa moderna de la Europa medieval. Sigue siendo un conglomerado de países que van forjando sus fronteras a base de guerras y diplomacia. Los matrimonios entre las familias reinantes de las diferentes coronas que forman el mapa político de Europa harán confluir intereses más allá de un territorio local, para definirse con un marco macro espacial mayor. Ducados, condados, marquesados, señoríos y reinos se van a ir uniendo, por mor de diferentes intereses estratégicos políticos y comerciales, en reinos de mayor entidad. Muchas veces el interés por defenderse frente a potencias extranjeras agitará estas uniones.

Los pactos de estado entre familias reinantes serán también un acicate para generar dominios territoriales más amplios. Este es el caso de otro proyecto europeísta, heredero de nuevo de pretéritos sueños imperiales. Estamos hablando del emperador Carlos I de España y V de Alemania que heredó los territorios del Imperio alemán, por parte de su abuelo paterno, y las coronas de Aragón y Castilla, por parte de sus abuelos maternos. Un impor-

---

[8] Truyol y Serra, A. (1994). «La identidad europea: pasado, presente y futuro» en Abella, J. L. *El reto europeo. Identidades culturales en el cambio de siglo*, Trota, Madrid, pág. 107, citado por Fernández Navarrete, D. (1999). *Historia y economía de la Unión Europea*, Editorial Centro de Estudios Ramón Areces, Madrid, págs. 29-30.

tante territorio que interesaba no solo a Europa, sino que exportará su «modo de ser» más allá de las fronteras físicas del continente. América, Asia, África y Oceanía se verán marcadas con la impronta europea en su historia, cultura, economía, sociedad y religión. Esta primera globalización se diseñará a modo y manera europeo. Una gran parte de los pueblos, ciudades, regiones y países de la actualidad se crearon o al menos, evolucionaron, al modo y manera de la cultura europea, surgiendo en muchas ocasiones unas maneras criollas de ser europeos, defendiendo un mestizaje cultural entre lo autóctono y lo europeo.

Hasta este momento, la lacra principal de los pueblos de Europa fue sus continuos conflictos armados. Es posible que, hasta el Tratado de Roma, Europa no viviera un solo año de paz continua en todo su territorio. Esto se identificó como un problema insalvable para la unidad del continente. Ante esta preocupación surgieron los primeros intentos de crear una serie de vínculos y pactos para detener lo que había sido una constante a lo largo de la historia de Europa: sus continuas guerras. El profesor Fernández Navarrete recuerda, para este periodo, dos de esos proyectos: el de Jorge Podiebrad, rey de Bohemia, y el de Enrique IV de Francia. El primero de ellos, en 1464, «planteó una alianza entre los principales países europeos con el objeto de conseguir la paz entre los pueblos de la cristiandad y que fracasó debido a la oposición del papado y de los católicos», como destaca el profesor Fernández Navarrete. El segundo, a principios del siglo XVII, buscaba la creación de un Consejo General de Europa consistente «en repartir proporcionalmente toda Europa entre un cierto número de potencias que no tuviesen nada que envidiar una de otras en cuanto a la igualdad, ni nada que temer del lado del equilibrio (...) y que fracasó por el estallido de la guerra de los Treinta años» (Fernández Navarrete, 1999, págs. 31 y 32).

La guerra será el problema de Europa desde siempre. No es extraño que en el espíritu de los padres fundadores de la Unión Europea esté la idea de la necesaria búsqueda de la integración entre los pueblos de Europa, su encuentro y convivencia, en aras de la paz. Esa búsqueda estaba detrás de las primigenias ideas «proeuropeistas» de los siglos XVII y XIX de Leibniz, Kant, Saint-Pierre, Rousseau, Saint-Simón o Marx.

El siglo XVIII es reconocido como el Siglo de las Luces. Luz frente a oscuridad y del «resplandor» es protagonista en Europa. También lo es un proceso revolucionario que habla de *Derechos del Hombre y del Ciudadano*. La Revolución francesa de 1789 traerá una *Declaración de los Derechos del Hombre y del Ciudadano* (aprobada por la Asamblea Nacional Constituyente francesa el 26 de agosto de 1789), que definió no solo los derechos personales y de la comunidad, sino que, además, tenían un carácter universal. Tal vez, con sus limitaciones propias del tiempo en que se vivía, esta sea una de las aportaciones más importantes a los valores europeos presentes. Europa era, y lo es en la actualidad, adalid de los derechos del ser humano. Los hombres, mujeres y niños que se arriesgan a travesar mares y océanos, cordilleras y desiertos, para llegar a Europa, lo hacen porque saben que, –con sus luces y sombras–, en Europa se defienden sus derechos únicamente por ser humanos.

A partir de aquí, todo fue distinto, pues el Antiguo Régimen es superado por una nueva manera de entender las cosas y de organizarse políticamente. Llegarán las constituciones modernas de EE. UU. (1787), Polonia, (1791), Francia (1791), España (1812), que escribirán sobre derechos fundamentales. Por primera vez se hablaba de separación de poderes, siendo el judicial independiente del legislativo, de cámaras y cortes, de aprobar las leyes por mayoría de votos, de la libertad de culto, (aunque mayoritariamente se reconocía la posición privilegiada del catolicismo) de monarquías (e incluso repúblicas) parlamentarias. En algunos casos se introdujeron conceptos como «nación» o «ciudadanía», agrupando en ellos a todos los estamentos y reconociendo que la soberanía recaía en el pueblo.[9] Todo ello abrió la puerta a una mayor participación política, primero de la burguesía, luego del proletariado y el campesinado. Y era Europa, o la extrapolación británica en el continente americano que eran los Estados Unidos, el escenario principal del cambio.

---

9 Para una profundización resulta útil la lectura del texto de la conferencia «Ciudadanía e identidad nacional. Reflexiones sobre el futuro europeo» de Jürgen Habermas en el Instituto de Filosofía del CSIC, Madrid, integrada en una publicación posterior y accesible en el enlace http://www.proyectos.cchs.csic.es/politicas-migratorias/sites/proyectos.cchs.csic.es.politicas-migratorias/files/Ciudadania_e_identidad_nacional_-_Traduccion.pdf. (Consultado el 18-3-2023)

Como ocurrirá en más ocasiones, alguien cree que las ideas «revolucionarias» deben imponerse por la fuerza. Y así, Napoleón Bonaparte quiso exportar las ideas revolucionarias, de una manera autoritaria y equívoca, en busca de una idea de Europa bajo el yugo de una única nación. En su misma génesis, estaba su fracaso. La unidad de Europa, con sus valores especiales e identitarios, de libertad e independencia (aprendido de los viejos helenos), nunca se hará bajo el poder de las armas.

Después de la derrota napoleónica, el proyecto europeo era otro,

> De manera que el proyecto europeo que tras la Restauración (1814-1848) se estaba asentando, el de los grandes Estados nacionales clásicos (y algunos imperios, como el austriaco o el ruso, y otros coloniales distintos que se iban conformando, como el británico o el francés), encontraba otro alternativo en las jóvenes naciones que no disponían de él y que aspiraban a ello (Ruzafa, 2021, pág. 119).

Efectivamente, Europa era otra, el Congreso de Viena de 1814 diseñó una Europa de jóvenes naciones, sí... pero se estaba sembrando una idea unificadora, en principio entre naciones afines en lo geográfico y cultural, posteriormente, en lo político y económico.

Los procesos de unificación alemana del 18 de enero de 1871 y de Italia, el 20 de noviembre de 1870, se han visto como modelo de integración para una Europa políticamente unida. Anteriormente, la Unión Aduanera de los Estados de Alemania (Zollverein) que suprimió los aranceles entre los miembros de la Confederación Germánica de 1834, se ha llegado a calificar como ensayo del Mercado Común de 1957.[10] La cuestión, sea por lo político, por lo antropológico o lo meramente económico, es que va calando una idea, en principio utópica, de que la cooperación entre regiones y países es mejor que el conflicto. Uno de esos principios de cooperación económica será la conocida como *Unión Monetaria Latina*, el primer intento de crear una moneda supranacional y que funcionó,

10 Se refiere al respecto Christian Watrin en el Boletín de Estudios Económicos n.º 15 (Bilbao, mayo de 1960), en su página 416, al citar la conferencia «Friedich List und der Europäische Zollverein».

de alguna manera, hasta después de la Primera Guerra Mundial. La Unión Monetaria Latina fue el intento de unificar varias divisas europeas en una sola moneda para poder ser utilizada en todos los Estados miembros. El 23 de diciembre de 1865 el Imperio francés, el Reino de Bélgica, el Reino de Italia y la Confederación Helvética (Suiza), unificaron sus monedas (el franco francés, el franco belga, la lira italiana y el franco suizo). Este nuevo sistema monetario estaba basado en el franco francés, la moneda más fuerte entre ellas. Diferentes vaivenes y la Primera Guerra Mundial dieron al traste con esta Unión definitivamente en 1927.

Para muchos, la Primera Guerra Mundial (1914-1918) puso en peligro la idea de una Europa unida. La guerra, de nuevo, rompía ese sueño. Sin embargo, para otros tantos, la experiencia bélica sirvió para poner en claro que la guerra no era la solución y que, de alguna u otra manera, deberían superarse los ultranacionalismos regionales, altamente belicosos, por un marco de convivencia común. La guerra solo trae muerte y destrucción. La necesaria reivindicación del Estado de Bienestar en una Europa unida y pacífica, debería ser el catalizador suficiente en el diseño de un proyecto común entre los pueblos de Europa.

3.4. La idea de Europa: siglo XX (1918-1939)

Se ha querido ver en la figura del austriaco conde Coudenhove-Kalergi el primer intento de este proyecto al fundar en 1923 el Movimiento Paneuropeo.[11] Posteriormente, en 1926, reunió en Viena a diversas figuras políticas en el Primer Congreso Paneuropeo afirmando que,

> Europa como concepto político no existe. Esta parte del mundo engloba a pueblos y Estados que están instalados en el caos, en un barril de pólvora de conflictos internacionales, y en un campo abonado de conflictos futuros. Esta es la Cuestión Europea: el odio mutuo de los europeos que envenena la atmósfera. (...) La Cuestión Europea será resuelta solo mediante la unión de los pueblos de Europa. (...) El mayor obstáculo a la realización de los Es-

11 Replica europea del «América para los americanos» de la doctrina Monroe.

tados Unidos de Europa son los mil años de rivalidad entre las dos naciones más populosas de Pan-Europa: Alemania y Francia...[12]

Los felices años 20 fueron los años de más éxito del movimiento paneuropeo. Pero también fueron los años del desarrollo de la ideas nazis y fascistas que junto a las marxistas-leninistas, eran todo lo contrario a unos ideales de libertad e independencia europeos. Tal vez, como réplica a esos movimientos, surgieron voces como respuesta al horror presumible que esas políticas representaban. Ejemplo de ello quisieron ser los Tratados de Locarno del 1 de diciembre de 1925 (firmados por Bélgica, Checoslovaquia, Francia, Alemania, Reino Unido, Italia y Polonia), destinados a reforzar la paz en Europa o el pacto Kellogg-Briand, firmado el 27 de agosto de 1928 en París por iniciativa del ministro de Asuntos Exteriores de Francia, Arístides Briand, y del secretario de Estado de los Estados Unidos, Frank B. Kellogg, mediante el cual los quince estados signatarios se comprometían a no usar la guerra como mecanismo para la solución de los conflictos internacionales.

El mismo Arístides Briand, en 1929, considerado uno de los principales inspiradores del Mercado Común, pronunció un célebre discurso ante la Asamblea de la Sociedad de Naciones (SDN)[13] en el que defendió la idea de una federación de naciones europeas,

[12] Rivas, E. (2002), Los condicionantes externos en los procesos de integración, IUEE / UDC, https://books.google.com.mx/books?hl=es&lr=&id=SedwhaciBlAC&oi=fnd&pg=PA1&dq=los+condicionantes+externos+en+los+proceso+de+integraci%C3%B3n+rivas&ots=uUT8akA5js&sig=5i2Y8IqSmlQ9Casq923GpBjVhY4#v=onepage&q=los%20condicionantes%20externos%20en%20los%20proceso%20de%20integraci%C3%B3n%20rivas&f=false (Consultado el 18-3-2023).

[13] A la Sociedad de Naciones (SDN) hay que reconocerle cierta influencia en la formación del espíritu fundacional en la idea integradora de Europa. Fue una organización internacional que se fundó en la Conferencia de Paz de París, de abril de 1919, dentro del Pacto de la Sociedad de Naciones, –anexo al Tratado de Versalles–, que puso fin a la Primera Guerra Mundial y que tenía como principio fundacional «evitar nuevos conflictos internacionales a gran escala, a través de la seguridad colectiva y la cooperación entre países». Reunió a representantes de 42 países, los primeros de ellos fueron los veintinueve vencedores de la Gran Guerra, más trece países neutrales invitados incorporándose, a partir de 1920, otros veintiuno. La iniciativa provino de la propuesta del presidente de los EE. UU. conocida como los Catorce Puntos de Wilson, de 1918. En el decimocuarto punto, Wilson pedía a las naciones grandes y pequeñas que se asociaran en un gran organismo para «garantizar la independencia política y la integridad territorial mediante el liberalismo, la cooperación y la diplomacia abierta».

> Pienso que entre los pueblos que están geográficamente agrupados como los pueblos de Europa, debe existir una suerte de vínculo federal; estos pueblos deben en todo momento tener la posibilidad de entrar en contacto, de discutir sus intereses, de adoptar resoluciones comunes, de establecer entre ellos un lazo de solidaridad, que les permita, en los momentos que se estimen oportunos, hacer frente a las circunstancias graves, si es que estas surgen. (...) Evidentemente, la asociación tendrá efecto sobre todo en el dominio económico: es la cuestión que más presiona. Creo que puede tener éxito. Pero estoy seguro de que un punto de vista político, un punto de vista social, la atadura federal, sin afectar a la soberanía de las naciones... [14]

Esos principios federalistas de Briand están basados en tres premisas puramente europeas: solidaridad, prosperidad económica y cooperación política y social. No obstante, no hay que dejar de lado la definición de Europa como «Federación de Naciones». En la definición de federalismo, «ideología que promueve la creación de una federación con el objetivo de unir Estados independientes bajo una Constitución común, o para descentralizar un Estado centralizado creando en su seno varios Estados o territorios federados»,[15] hay que destacar la idea de la asociación entre países independientes, unidos por un fin común superior. De nuevo conceptos como libertad e independencia aparecen como valores irrenunciables en la idea de una Europa unida.

El espíritu fundacional de la SDN –y tal vez previniendo lo que le venía a Europa encima– le encargó a Briand, en 1930, el conocido como *Memorando sobre la organización de un sistema de Unión Federal Europea*.[16] Las buenas

---

14 Discurso de Arístides Briand ante la Asamblea de la Sociedad de Naciones, Ginebra, 5 de septiembre de 1929, citado por Asín Olano, D. (2016) *Aniversario de un triunfo*, en https://www.dclm.es/opiniones/2332/aniversario-de-un-triunfo-parte-ii. (Consultado el 18-3-2023).

15 https://dpej.rae.es/lema/federalismo. (Consultado el 18-3-2023).

16 «El proyecto de Briand suponía, un intento sincero por parte de la burguesía democrática por fomentar una política pacifista en Europa que favoreciese la armonía continental y, por supuesto, el desarrollo económico de las naciones adheridas al mismo. Además, significaba el embrión de una Constitución europea en la que, inicialmente, se proponía la creación de instituciones federales comunes tales como la Conferencia Europea (órgano de carácter deliberativo y representativo), un Comité Político permanente (órgano ejecutivo) y una Secretaría, organismos que, gradualmente, debían convertirse en el Parlamento, el Gobierno y las oficinas de la Europa fe-

intenciones del Memorándum se vieron truncadas por dos factores desestabilizadores; por un lado, el *crack* de 1929 y sus repercusiones en Europa y, por otro, el crecimiento de los totalitarismos dentro de los gobiernos de los países del continente, hicieron que el proteccionismo económico, por un lado, y los nacionalismos exacerbados, por otro ganaran la batalla a la idea integradora de Europa.

El resultado es por todos conocido, el 1 de septiembre de 1939, tropas alemanas invadieron Polonia dando comienzo a la Segunda Guerra mundial, que duraría hasta 1945.

3.5. La idea de Europa: del fin de la Segunda Guerra Mundial a la Declaración Schuman (1945-1950)

Demasiadas grandes guerras durante la primera mitad del siglo XX hacían necesaria una forma distinta de intentar solucionar los problemas entre las naciones que formaban Europa. De alguna manera, desde finales del siglo XIX, con las Guerras Franco-Prusianas y las compensaciones de los perdedores a los ganadores de los consecutivos conflictos, se había alimentado un cierto revanchismo que hacía que los finales de la guerra llevaran la llama de la próxima contienda. Paces mal cerradas, que hacían buenos a los vencedores y malos a los vencidos, alimentaban la desconfianza entre unos y otros imposibilitando la concordia y la cooperación. Era necesario, de una vez por todas, algún tipo de foro que buscara la integración europea y que pusiera encima de la mesa los valores comunes europeos frente a las discrepancias. La defensa de fronteras y territorios, –chispa del encendido de la mayoría de los conflictos entre europeos–, se evitaría si esas fronteras no existieran como tales, en aras de un territorio común.

Esa convicción de que había que evitar por todos los medios la vuelta a un enfrentamiento entre los estados europeos y el nuevo *statu quo* geoestratégico

derada, de los Estados Unidos de Europa». Villanueva Herrero, J. R. (2015). *La Unión Federal Europea, en https://www.elperiodicodearagon.com/opinion/2015/03/29/union-federal-europea-47199046.html.* (Consultado el 16 de febrero de 2023).

que situaba a Europa entre las dos grandes potencias que habían emergido tras la guerra (la URSS y los EE. UU.), hacía necesario encontrar una senda que garantizara un entorno más libre, justo y próspero y esta vez, de manera definitiva, pacífico.

Winston Churchill, en 1946, pronunció, en la Universidad de Zúrich (Suiza), un discurso que para muchos supuso el pistoletazo de salida del proyecto integrador europeo y que hay que poner en valor por venir de un ex primer ministro británico, dadas las reticencias que desde las islas británicas siempre han existido ante cualquier proyecto integrador. Se trataba, en palabras de Churchill de:

> Reconstituir la familia europea o, al menos, en tanto no podamos reconstituirla, dotarla de una estructura que le permita vivir y crecer en paz, en seguridad y en libertad. Debemos crear una suerte de Estados Unidos de Europa. (...) Para realizar esta tarea urgente, Francia y Alemania deben reconciliarse.[17]

El discurso es importante en el argumentario de este trabajo. En 1946 se habla de «reconstruir una familia», –que por lo tanto ya existía–, en busca de unos «Estados Unidos de Europa», basados en la reconciliación, es decir, en la superación de los conflictos por vía de los acuerdos y la cooperación.

La reconstrucción europea, favorecida por el Plan Marshall, ayudó, en gran medida, al proceso integrador. Por un lado, proveyendo del dinero necesario para reconstruir las infraestructuras destruidas en la contienda (incluso en los países vencidos) y, por otro, por la necesaria obligación de crear organismos que administrasen y organizasen el reparto de esa ayuda. La parte institucional comenzó en 1948 con la creación de la Organización para

[17] Winston Churchill, Discurso en la Universidad de Zúrich, 19 de septiembre de 1946, https://winstonchurchill.org/churchill-central/storyelement/churchills-speech-at-the-university-of-zurich/ (Consultado el 3 de mayo de 2024). Un análisis en profundidad ha sido realizado por el Filippo Pierini, en el capítulo Friends and Sponsors of the new Europe: A Discourse Analysis on Churchill's Speech at the University of Zurich, 19 September 1946., incluido en Gehler *et al.* ed. *Narrating Europe Speeches on European Integration (1946-2020)* Nomos Verlagsgesellschaft mbH & Co. KG. (págs. 45-60).

la Cooperación Económica Europea (OECE).[18] El nombre, ya por sí mismo, es una declaración de intenciones, y fue uno de los primeros organismos que agruparon a gran parte de los países de la Europa occidental. La OECE propició la liberalización del comercio, ayudó a introducir ideas tendentes a acuerdos monetarios y el desarrollo de acuerdos de cooperación económica, entre los estados miembros.

Como se puede observar, se entendió que la idea de Europa debía estar fundamentada en unos principios básicos: la paz, la cooperación, la libertad y la independencia. Sin embargo, para alcanzar estos principios era indispensable garantizar el bienestar económico de los europeos. Europa debía ser un marco de desarrollo, progreso y crecimiento económico que, en este caso, no necesariamente eran sinónimos. De este modo, no es de extrañar que los orígenes del proceso integrador europeo, fueran económicos. Así, en 1948, se creó el Benelux (Unión Aduanera de Bélgica, los Países Bajos y Luxemburgo) con la aplicación de un arancel exterior común.

Tal vez, el primer paso hacia la integración política fuera la creación del, –hoy todavía vigente–, Consejo de Europa, en 1949. Este organismo, trata de fomentar la cooperación política entre los países europeos, siendo su principal función la de reforzar el sistema democrático y los derechos humanos en los estados miembros, de este modo democracia y defensa de los derechos humanos serán valores clave a la hora de pensar en una Europa unida.

El hito definitivo para dar forma al Mercado Común Europeo (CEE) será la ya famosa Declaración Schuman. Robert Schuman, ministro de Asuntos Exteriores francés, propondrá el 9 de mayo de 1950,[19] un plan, diseñado por Jean Monnet,[20] para integrar y gestionar en común la producción francoalemana del

---

[18] La *Organización Europea para la Cooperación Económica (OECE) se creó en 1948 con el apoyo de Estados Unidos y Canadá para coordinar el Plan Marshall y contribuir a la reconstrucción de las economías europeas después de la Segunda Guerra Mundial.* https://www.oecd.org/espanol/46440894.pdf, pág.9. (Consultado el 18-3-2023).

[19] «Ese día nació la Europa política». Filibi, I. (2020). «La declaración Schuman: el nacimiento de la Europa política», en Aldecoa, F. *El debate ciudadano en la conferencia sobre el futuro de Europa,* Marcial Pons, Madrid, págs. 121-132.

[20] La idea actual de Europa se debe en gran medida a Jean Monnet. El 5 de agosto de 1943, en el Comité de Liberación Nacional, afirmó que «no habría paz en Europa si los estados se reconstruyen sobre la base de la soberanía nacional (...). Los estados de Europa han de formar una fe-

carbón y del acero. Se pensó que, desde la cooperación económica, –en un asunto que había sido motivo de conflicto histórico entre Francia y Alemania–, se podrían poner las bases de un acuerdo mayor, alejando definitivamente el espectro de la guerra en Europa.

> Francia actúa por la paz (...) y asocia a Alemania. Europa nace de esto, una Europa sólidamente unida y fuertemente estructurada. Una Europa donde el nivel de vida se elevará gracias a la agrupación de producciones y la ampliación de mercados que provocarán el abaratamiento de los precios. (...) Europa no se hará de golpe, ni en una obra de conjunto, se hará por medio de realizaciones concretas, que creen, en primer lugar, una solidaridad de hecho. El gobierno francés propone que se someta el conjunto de la producción franco-alemana de carbón y acero bajo una autoridad común, en una organización abierta a la participación de otros países de Europa. La puesta en común de la producción del carbón y del acero asegurará inmediatamente el establecimiento de bases comunes de desarrollo económico, primera etapa de la Federación Europea(...).[21]

El Plan Schuman abría lo que debía ser el camino de la integración económica que definitivamente se hizo realidad con el Tratado de París firmado el 18 de abril de 1951 en donde nació la Comunidad Europea del Carbón y el Acero, (CECA). Esta primera comunidad europea la formaron seis países (los Seis): Francia, Alemania, Italia, Bélgica, Países Bajos y Luxemburgo y su presidente no fue otro que Jean Monnet, alta autoridad común de la CECA.

En 1955, los ministros de Asuntos Exteriores de los Seis, –bajo la presidencia del belga Paul Henri Spaak–, se reunieron en la Conferencia de Messina, donde acordaron crear la Comunidad Europea de la Energía Atómica (EURATOM) y la Comunidad Económica Europea (CEE), que vio definitivamente la luz el 25 de marzo de 1957 en el Tratado de Europa.

deración», comenzando desde ese momento a trabajar en el concepto de una Comunidad Europea. https://european-union.europa.eu/principles-countries-history/history-eu_es. (Consultado el 18-3-2023).

[21] Declaración Schuman, 9 de mayo de 1950.

4. Por fin... el Tratado de Roma

El 25 de marzo de 1957 se firmaron en Roma dos tratados dando lugar a la Comunidad Económica Europea (CEE) y a la Comunidad de la Energía Atómica (EURATOM). Los firmantes del histórico acuerdo fueron: Christian Pineau, por Francia; Joseph Luns, por los Países Bajos; Paul Henri Spaak, por Bélgica; Joseph Bech, por Luxemburgo; Antonio Segni, por Italia, y Konrad Adenauer, por la República Federal de Alemania. Los Parlamentos de «los Seis», en los meses siguientes, ratificaron el Tratado que entró en vigor el 1 de enero de 1958.

El Tratado de Roma, que instituía el Mercado Común Europeo, fijaba a la vez lo que eran los valores que debían configurar la idea de una Europa unida, llamada al resto de los países del continente. Los firmantes, en su preámbulo, buscaban «establecer los fundamentos de una unión sin fisuras más estrecha entre los países europeos», es decir, quedaba fijado el objetivo de buscar paulatinamente la mayor integridad política posible.

Es cierto que el Tratado de Roma hizo suyos los valores que habían edificado Europa, pero empezaron por lo que era más plausible y realizable: la cooperación económica. Comenzaron el proyecto de integración unificando fronteras, con una Unión aduanera, en definitiva, con un «Mercado Común», en el que se suprimieron todos los aranceles internos entre los estados comunitarias y, al mismo tiempo, se adoptaba un Arancel Aduanero Común para todos los productos de países terceros.

De manera subliminal, en la filosofía económica de este «Mercado Común», se dibujaban antiguos valores de la vieja Europa como los de la libertad de circulación de personas, mercancías y capitales. Era evidente que el proceso no podría ser inmediato y que necesitaba para su adopción de acuerdos y, sobre todo, de tiempo. Los axiomas de libertad e independencia, –desde el acuerdo económico–, pasaban por la defensa de la libre competencia (prohibiendo los monopolios) y algunas políticas comunes en temas como los trasportes o la agricultura. También, el concepto Europa, debía ampliarse a los territorios europeos de ultramar a través acuerdos comerciales con estos territorios.

Para muchos, el Tratado de Roma significó el triunfo de las tesis «funcionalistas» (para otros muchos prevalecieron las posibilistas), representadas principalmente por Jean Monnet,

> ante la imposibilidad de acceder de manera inmediata a una unión política, la nueva estrategia busca un proceso de integración que vaya afectando poco a poco a diversos sectores económicos, de forma gradual, y que vaya creando instituciones supranacionales en las que los Estados paulatinamente vayan cediendo competencias económicas, administrativas y, en último caso, políticas.[22]

5. Conclusiones. La vieja y nueva idea de Europa

A lo largo de estas líneas han aparecido conceptos e ideas que definen lo que ha sido Europa, es y necesariamente será. Desde el Tratado de Roma, principio fundacional de la actual Unión Europea, hasta nuestros días, los valores europeos lejos de difuminarse se han caracterizado como un hecho diferencial frente a otros modelos económicos y políticos.

Para muchos países, pertenecer a este club, era apostar por la democracia y por unas reglas de convivencia basadas en los derechos humanos. Pasó con la España democrática en 1986, pero volvió a repetirse, ya como Unión Europea, en 1992. La adhesión a este espacio de libertad llamado *Europa* servía, por un lado, para el definitivo afianzamiento de sistemas democráticos en países de la órbita de la antigua Unión Soviética y, por otro, era el paso de un sistema comunista planificado a una economía de mercado. De este modo, en 1999, Hungría, Polonia y la República Checa pasaron a formar parte de esta asociación.

Sin duda, la idea de una Europa unida, en su más amplio sentido de la palabra, no será algo rápido ni precipitado. El éxito del proyecto obliga a un diseño pausado y mesurado. La historia no alerta de los fracasos que la precipitación puede acarrear, pero lo que parece evidente es que se trata de un

[22] http://www.historiasiglo20.org/europa/traroma.htm. (Consultado el 4 de abril de 2023).

proceso irreversible y que define un determinado espacio de libertad e independencia que, en muchas ocasiones, sobrepasa las fronteras físicas naturales del continente.

El Consejo Europeo de Copenhague de 1993, cuando estudió la entrada en la Unión Europea de los antiguos países de la órbita Soviética, fijó los requisitos necesarios para formar parte de la Unión Europea y lo primero que hizo fue calificar de legítimas las aspiraciones de esos países a ser miembros de la Unión, yendo más allá, hablaba de que Europa «no podía entenderse sin estos países». No se hablaba en ningún caso de «acceder» a la UE, sino de «volver a Europa» tras el período comunista. De nuevo, Europa como concepto, era un espacio en el que no cambian los totalitarismos (sean del color que sean). Los países que quisieran formar parte de Europa (léase Unión Europea) debían garantizar:

> la existencia de instituciones estables garantes de la democracia, la primacía del Derecho, el respeto de las minorías y su protección; contar con una economía de mercado viable y con la capacidad de hacer frente a la presión de la competencia y a las fuerzas de mercado en el interior de la Unión Europea y la capacidad de asumir las obligaciones que se derivan de la adhesión y, en concreto, la de suscribir los objetivos de la Unión política, económica y monetaria.[23]

Finalmente, los logros conseguidos no deben acomodarse en las justas reivindicaciones por una Europa (mundo) mejor. La *non nata* Constitución Europea incluía una serie de derechos fundamentales de los ciudadanos, al modo y manera de las Cartas Magnas de los países, que profundizaban en esos derechos fundamentales.[24] Entre ellos, figuran algunos de carácter económico como

---

23 https://eur-lex.europa.eu/legal-content/ES/TXT/?uri=LEGISSUM:accession_criteria_copenhague. (Consultado el 18-3-2023).

24 La Carta de los derechos fundamentales de la Unión Europea reafirma, dentro del respeto de las competencias y misiones de la Unión, así como del principio de subsidiariedad, los derechos que emanan, en particular, de las tradiciones constitucionales y las obligaciones internacionales comunes a los Estados miembros, del Convenio Europeo para la Protección de los Derechos Humanos y de las Libertades Fundamentales, las Cartas Sociales adoptadas por la Unión y por el Consejo de Europa, así como de la jurisprudencia del Tribunal de Justicia de la Unión Europea y del Tribunal Europeo de Derechos Humanos» https://eur-lex.europa.eu/legal-content/ES/TXT/HTML/?uri=CELEX:12016P/TXT (Consultado el 18-4-2024).

el derecho al trabajo, a la sindicación, la huelga y la protección por despido. Son los llamados «derechos de tercera generación», que recogen las conquistas del Estado del Bienestar y que son, hoy por hoy, una seña más de la identidad de lo que es, y significa, Europa.

Bibliografía

Bancalari, A. (2011). «El mito de Europa en los textos literarios clásicos». *Acta literaria*, (43), 95-109. https://dx.doi.org/10.4067/S0717-68482011000200007

----- (2013). «Europa en Heródoto: noción y sentido». Cerqueira, F. *et al. Saberes e poderes no Mundo Antigo*, pp. 47-58.

Barbero, A. (2018). *Charlemagne: Father of a continent*. University of California Press.

Black, J. (2006). *Las setenta grandes batallas de todos los tiempos*. Círculo de lectores.

Convención Europea (2003). *Proyecto de tratado por el que se instituye una Constitución Europea* https://eur-lex.europa.eu/legal-content/ES/TXT/PDF/?uri=CELEX:52003XX0718(01)&from=DA

Eco, U. (1987). *El nombre de la Rosa*, Círculo de lectores.

Fernández Navarrete, D. (1999). *Historia y economía de la Unión Europea*, Editorial Centro de Estudios Ramón Areces.

----- (2022). *Historia de la Unión Europea. De los orígenes al postbrexit*, UAM ediciones.

Filibi, I. (2020). «La declaración Schuman: el nacimiento de la Europa política», en Aldecoa, F. *El debate ciudadano en la conferencia sobre el futuro de Europa*, Marcial Pons, pp. 121-132.

García Ortega, A. J. (2012). *El proyecto de arquitectura en la etapa gótica*. UPV.

Habermas, J. (1998). «Ciudadanía e identidad nacional. Reflexiones sobre el futuro europeo», Habermas, J. *Facticidad y Validez*. Ed. Trotta.

Hernández, M. J., Mendoza, L. A, González, K. (2020). *La Unión Europea y la Constitución que no entró en vigor* http://portal.amelica.org/ameli/journal/137/1371811006/html/

International Churchill Society *Churchill's Speech at the University of Zurich* https://winston-churchill.org/tag/speeches/

Ozoya, J. D. C., López de Ayala, M. D. (1948). Estudios recientes sobre arte hispánico. Biblioteca virtual Miguel de Cervantes.

North, D. C. (1984). *Estructura y cambio en la historia económica*, Alianza Editorial.

Parlamento Europeo, Consejo y Comisión Europea (2016) *Carta de los derechos fundamentales de la Unión Europea* https://eur-lex.europa.eu/legal-content/ES/TXT/HTML/?uri=CELEX:12016P/TXT

Pierini, F. (2022). «Friends and Sponsors of the new Europe: A Discourse Analysis on Churchill's Speech at the University of Zurich, 19 September 1946». In *Narrating Europe* (pp. 45-60). Nomos Verlagsgesellschaft mbH & Co. KG.

Rivas, E. (2002), Los condicionantes externos en los procesos de integración, IUEE / UDC.

Ruzafa, R. (2021). «Un proyecto liberal e (inter)nacionalista: la Joven Europa», Rivera, A. (dir.). Historia de la idea de Europa. Mucho más que una geografía, Arabako Foru Aldundia. Kultura eta Kirol Saila, Diputación Foral de Álava. Departamento de Cultura y Deporte.

The Columbia Encyclopedia (2008). *Holy Roman Empire*. Columbia University Press.

Watrin, C. (1960). «Salin, Edgar. - Friedrich List. Kerneuropa und Die Freihandelszone». *Boletín de Estudios Económicos*, Tomo 15 (Bilbao, mayo de 1960).

La Unión Europea, un espacio Educativo y Formativo para el entendimiento

COVADONGA RODRÍGUEZ FERNÁNDEZ
Universidad de Oviedo
EMILIO ÁLVAREZ-ARREGUI
Universidad de Oviedo
CECILIA BETHENCOURT SÁNCHEZ
Profesora tutora de la UNED
BEATRIZ ÁNGELES GROSSI SAMPEDRO
Universidad de Oviedo

1. INTRODUCCIÓN

En los últimos años se han producido importantes cambios en el mundo y en nuestro país. Lo que hace años eran países en desarrollo, ahora son grandes potencias que han llegado para quedarse, y que juegan un papel cada vez más importante; nos referimos a países como China, Brasil y Sudáfrica, que cada vez tienen más peso en la economía internacional y que se les reconoce con las siglas BRICS. Este es un ejemplo de la cooperación de los países sur-sur que se integran en el contexto de la globalización, lo que también genera confrontaciones de diferente signo. También es sabido que estamos afectados por los desafíos medioambientales, los avances científicos, tecnológicos y digitales que están reorientando la forma de vivir, relacionarse y trabajar de las personas y las organizaciones.

En este escenario no podemos obviar que las profesiones que hoy se ejercen cada vez son menos estancas y se ven sujetas a un proceso de permeabilización que las va haciendo evolucionar ante la influencia de un entorno socioeconómico que avanza a ritmos acelerados fruto de la digitalización que afecta a la sociedad, economía y empleo (DigitalES, 2022). Por otro lado, la escasez de recursos naturales está provocando la necesidad de aprovechar las energías limpias y la reutilización de los recursos, permitiendo así crear nuevos yacimientos de empleo y oportunidades laborales en economías que afloran en nuestro entorno (azul, digital, *silver*, verde, etc.).

En este contexto, la Agenda 2030 de las Naciones Unidas emerge internacionalmente como uno de los referentes para hacer frente a todos los retos sociales, económicos y medioambientales a los que nos estamos enfrentando. En ella, se pone el foco de la atención en las personas, el medio ambiente, la prosperidad y la paz, bajo el lema de «no dejar a nadie atrás» la UE ha evolucionado y ha ampliado su ámbito de acción, estableciendo nuevos objetivos para garantizar la prosperidad, la seguridad y el bienestar de los ciudadanos europeos.

Estas argumentaciones reflejan que Europa enfrenta y afronta los desafíos del siglo XXI mediante la adopción de diversas iniciativas y estrategias que se traducen en políticas educativas que fomentan el aprendizaje a lo largo de toda la vida, con el objetivo de garantizar que las personas estén preparadas para adaptarse a los cambios y retos que plantea la sociedad actual. Las reformas que se promueven ponen el foco en el desarrollo de habilidades digitales, científicas y tecnológicas, que son esenciales para prosperar en la economía global del siglo XXI. A este respecto cabe destacar el interés creciente en la promoción de la educación STEM (ciencia, tecnología, ingeniería y matemáticas), así como el fomento de la alfabetización digital o la formación en habilidades digitales en los currículos de los diferentes países.

Debido a todo lo anterior, y con el objetivo de focalizar y profundizar en la temática que nos ocupa, resulta necesario realizar una identificación de los ejes de referencia de la Sociedad con relación a las demandas del entorno laboral sobre los sistemas educativos y formativos, así como revisar la evolución de las iniciativas gubernamentales en materia de educación y formación, y su grado de alineamiento.

Y pese a todo empeño y políticas implementadas por la UE en el ámbito que nos ocupa, un análisis crítico y un poco más profundo de algunas de las acciones propiciará la proposición final de un decálogo de propuestas de mejora.

2. Contextualización

Sociedad, Educación y Formación mantienen una íntima relación en el tiempo por los condicionantes económicos, sociales, estructurales, tecnológicos, políticos, jurídicos y funcionales que acaecen situacional y coyunturalmente en cada momento histórico. Las decisiones que se han venido adoptando han ido conformando unos ecosistemas socioeducativos desde los que se han venido proporcionando respuestas más o menos eficaces y justas para que las personas físicas y jurídicas se alineen en las áreas geográficas en las que se asientan.

Este modelo que se siguió durante décadas se ha ido resquebrajando a medida que el cambio se ha convertido en una constante lo que ha generado una situación que no tienen antecedentes pretéritos. A este respecto solo tenemos que recordar cómo en las últimas décadas han ido emergiendo una serie de constructos que se han ido interrelacionando y generalizando, afectando a los ejes que guían nuestras vidas y condicionándolas. A pesar de que pueda haber discrepancias según el enfoque de los autores cabe referirse en este punto a la consolidación del neoliberalismo (Bell, 1991; Gimeno Sacristán, 2001), el desarrollo tecnológico (Dosi, Freeman, Richard, Silverberg and Soete, 1990), los fenómenos de la globalización y la localización (Castells, 1999; Álvarez-Arregui, 2021) y el incremento progresivo del conocimiento (Drucker, 1969; Böhme y Stchr, 1986; Morin, 2002) como marcos básicos de referencia.

Estos constructos son peculiares porque tienen una alta capacidad de retroalimentación desde lo que se denominan «dinámicas no lineales» ya que de estas interacciones se generan procesos de aceleración en los sistemas estructurales, funcionales y vitales superiores a los que les serían propios al estar condicionados por desarrollo exponencial que genera desajustes estructurales, funcionales y sociales de distinto signo (Álvarez-Arregui y Rodríguez-Fernández, 2023).

Lo que está ocurriendo no es nuevo, Toffler (1970) visualizó en el siglo pasado que el desarrollo tecnológico tendría múltiples consecuencias de distinto signo. Este autor nos alertó, en el ámbito educativo, de oportunidades de crecimiento la interactividad (capacidad bidimensional de respuesta, alumno-máquina y viceversa), la movilidad (capacidad de desarrollar educación en cualquier ecosistema rompiendo el monopolio de las instituciones educativas clásicas), la convertibilidad (capacidad de transmitir y procesar información entre medios y redes diferentes a fin de conformar sistemas complejos y multivariados de uso común), la conectabilidad (conexión entre los agentes educativos con fuentes plurales de información), la omnipresencia (democratización total de la información) y la mundialización (información sin fronteras ni diferencias). Pero también anunció que este escenario suponía un cambio de modelo que abría nuevos retos los sistemas de Educación y de Formación porque generaría brechas de acceso y alfabetización de distinto signo.

Castells (1999, 2000*a*, *b*) nos mostraba veinte años después algunas de ellas. Este autor nos indicaba cómo el acceso a los recursos, bienes y servicios era desigual por selectivo, situación que se agravaba cuando la rentabilidad primaba sistemáticamente sobre un desarrollo social y medioambiental sostenible. Las asimetrías de crecimiento entre regiones, países, ciudades, instituciones, comunidades y personas eran ejemplos de ello. Los movimientos centrífugos y centrípetos se incorporaban en el sistema al aparecer agujeros negros que provocaban conexiones perversas que debían ser denunciadas a medida que se detectasen por la recurrente relación que emergía con una gestión deficiente de lo público donde las redes de servicios eran endebles o en continuo deterioro lo que conllevaba pobreza, analfabetismo funcional crónico y/o explotación generalizada. Estas condiciones eran un caldo de cultivo excelente para que se fuesen fortaleciendo círculos viciosos incapacitantes para las personas físicas para incorporarse, mantenerse y desarrollarse profesionalmente en sus entornos sociolaborales y a las personas jurídicas a generar un tejido productivo responsable social y medioambientalmente o para desplegar redes que proporcionasen soportes vitales básicos a la ciudadanía en sus regiones y comunidades locales de referencia (Álvarez-Arregui y Arreguit, 2019).

Las teorías de la acción comunicativa (Habermas, 1987) y de la reflexibilidad (Beck, Giddens y Lash, 1997) también alertaron del incremento de las posibilidades para saber, conocer, relacionarse, disfrutar y trabajar, pero también nos quisieron prevenir sobre la necesidad de detectar aquellos valores, mitos y bondades que se conceden al desarrollo tecnológico. Por tanto, si bien es cierto que cada vez hay más datos, información y conocimiento disponible también se constata la necesidad de aprender a seleccionar, discriminar, comparar y validarlos. Se hace necesario recordar a este respecto que a pesar de que los discursos hacen referencia a estas cuestiones, se plantean en los contenidos curriculares y se debaten ampliamente en diferentes espacios, la realidad es que no se percibe que los resultados en la práctica sean efectivos desde el momento en que se constatan deficiencias de filtrado de datos, información y conocimiento. A este respecto parece haberse olvidado por parte de los administradores de lo educativo las carencias constatadas en la formación inicial y continua de los docentes para potenciar un sentido crítico discriminante que impregne las conductas profesionales para ir extendiéndolo progresivamente en la práctica. La capacidad de las personas para dar respuesta a un paradigma que integra la racionalidad, la interpretación y la crítica para adentrarnos en la complejidad que cada vez se hace más necesaria. Esta visión incrementa la demanda de construcción y gestión de espacios, recursos, tiempos, metodologías y evaluaciones más emprendedoras, creativas e interdisciplinares donde se entienda que ese aprendizaje debe extenderse a lo largo de toda la vida, lo que conlleva un proceso educativo y formativo continuo que deberá integrarse en nuestro contexto vital si queremos adaptarnos y evolucionar (Álvarez-Arregui y Rodríguez-Fernández, 2023).

La situación generada por estas situaciones está haciendo germinar nuevos modelos económicos, políticos y sociales que obligan a las personas a una adaptación permanente de sus competencias, necesarias para evitar que se generen polarizaciones, exclusiones y brechas de alfabetización insalvables. El acceso generalizado a la tecnología y a la información impone innovaciones sistémicas que afectan a las competencias de las personas (saber, saber ser y saber hacer) sean físicas o jurídicas. En este entorno el uso de plataformas intensivas, accesibles, versátiles y de bajo coste adquiere progresivamente mayor relevancia por el valor añadido que generan a los procesos. Más de la mitad del alumnado ejercerá profesiones y utilizará herramientas que no se han creado, por lo que los currículums, los sistemas de aprendizaje y los modelos de evaluación y certificación de competencias, tal y como los conocemos, deben evolucionar. Por tanto, en una Sociedad de la Información Interconectada que aspire a convertirse en una Sociedad del Conocimiento Sostenible y Responsable, lo Educativo adquiere mayor relevancia (Álvarez-Arregui y Arreguit, 2019).

Las instituciones educativas y formativas que han sido en los últimos siglos lugares de generación y de transmisión de conocimiento deben entender, aceptar y adaptarse al contexto emergente y anticipar futuras situaciones. La no actuación ya no es posible porque de adoptar ese posicionamiento sus misiones queden abocadas a la irrelevancia y son desplazadas como agentes y referentes educativos y formativos en las sociedades venideras. Estas cuestiones cada vez encuentran mayores avales en los organismos internacionales (OCDE, UNESCO, CEDEFOP, Comisión Europea, Ministerio de Educación y Formación Profesional de España) informando que la Educación, la Formación, la Investigación y la Innovación deben ser instrumentos estratégicos para la adaptación a este entorno y que conlleva un desarrollo integral de la persona, la sociedad y el planeta. Este planteamiento no es nuevo y hace años que se vienen demandando nuevas formas de saber, saber hacer, saber ser y saber convivir.

A manera de recordatorio cabe destacar cómo en el año 2000 en la cumbre de Lisboa, la Unión Europea apuntaba que, en los países más ricos y desarrollados, un 25 % de la población no contaba con las competencias y aptitudes necesarias para participar plenamente en la vida social y laboral. Al igual que planteaba como principal objetivo, la necesidad de tender los puentes y conexiones entre el ámbito social y laboral para asentar una verdadera sociedad del conocimiento como estrategia de promoción de la productividad y la competitividad y lograr nuevas cotas de desarrollo social y económico sostenible. Posteriormente, en el año 2006, en el Informe Tuning que cuenta con el reconocimiento pleno de todos los países del proceso de Bolonia, se recogieron las competencias transversales más demandadas; haciendo referencia a las competencias sistémicas (creatividad, integración y resiliencia antes la adversidad, actitud de orientación a objetivos personales y organizativos), las competencias interpersonales (de relación, trabajo en equipo, entornos colaborativos, flexibilidad, versatilidad) y las competencias instrumentales (manejo de la tecnología y habilidad lingüística en el uso de un segundo idioma), siendo las prioritarias para los empleadores las sistémicas y las interpersonales (Álvarez-Arregui, 2019).

Sea como fuera hasta la Cumbre de Bruselas (2018) no se incorpora la necesidad de prestar más atención a la educación y formación a lo largo de la vida, destacando la importancia de generar una mayor inversión en el desarrollo de capacidades y competencias esenciales para impulsar la resiliencia en Europa. La Unión Europea (UE) avalará la necesidad de focalizar la atención en el talento humano dado que desde él se promoverá la innovación, la productividad, la competitividad y, por ende, la mejora de la empleabilidad y la superación de los desajustes existentes en un mercado laboral que evoluciona a ritmos vertiginosos y que exige un aumento de la adaptabilidad de trabajadores (presentes y futuros) y empresas.

Con la intención de alinear las iniciativas que se promueven la UE ha establecido un marco para la educación y la formación para 2030 para garantizar que todos los estudiantes tengan acceso a una educación de calidad y que adquieran las habilidades necesarias para el mundo laboral y para la sociedad en general. A este respecto son muchos los programas y proyectos educativos transnacionales e interculturales, iniciados, caso del programa Erasmus+, que promueve la movilidad de estudiantes, profesores y personal de educación a través de Europa, con el objetivo de fomentar el intercambio de conocimientos y experiencias. Adicionalmente, se promueven políticas y estrategias educativas innovadoras, que buscan fomentar el aprendizaje a lo largo de toda la vida, el desarrollo de habilidades digitales y científicas, la educación para la sostenibilidad y el medio ambiente, y la promoción de la movilidad y el intercambio de conocimientos.

Con el objetivo de preparar a las generaciones futuras para enfrentar los desafíos ambientales globales se están implementando proyectos donde se integran en los contenidos el Pacto Verde Europeo que lleva incorporada una hoja de ruta para hacer de la UE una economía sostenible para 2050. La reducción de emisiones de gases de efecto invernadero o la protección de la biodiversidad se convierten así en referentes de los edusistemas que se promueven.

La Unión Europea también está adoptando medidas significativas para abordar los desafíos del mercado laboral en constante evolución. En la estrategia para la educación digital 2021-2027, se establece el objetivo de garantizar que todos los estudiantes tengan acceso a una educación digital de calidad para

2025, incluyendo habilidades digitales básicas y avanzadas. La estrategia también tiene como objetivo desarrollar el pensamiento crítico y la resolución de problemas a través de la educación digital. En este sentido, la Iniciativa sobre Empleabilidad de los Jóvenes, que tiene como objetivo apoyar la educación y la formación para mejorar las perspectivas de empleo de los jóvenes, incluye programas para mejorar el acceso a la educación y la formación, así como para fomentar la transición de la educación al empleo.

La UE también ha establecido un Fondo Europeo de Transición Justa para ayudar a las regiones más afectadas por la transición hacia una economía más sostenible. Asimismo, se está impulsando la investigación y el desarrollo en áreas clave, como la inteligencia artificial, la robótica, las energías renovables y la biotecnología, con el fin de garantizar que Europa siga siendo competitiva en el ámbito global y pueda afrontar los desafíos medioambientales y tecnológicos. En este sentido, diversos organismos internacionales (Word Economic Fórum, 2018...) ratifican e iluminan estos caminos y se convierten en faros de la Educación. A este respecto presentamos algunas referencias que en este contexto no pueden ser desconsideradas:

- el 50 por ciento de las horas de trabajo será realizado por máquinas y algoritmos en lugar de personas;
- las tareas de valor agregado para las personas generarán ciento treinta y tres millones de nuevos empleos lo que compensará los setenta y cinco millones que disminuirán el desarrollo tecnológico;
- el alumnado tiene que prepararse en habilidades que no puedan ser sustituidas por las máquinas
- las habilidades técnicas, pensamiento de orden superior-crítico y sistémico, creatividad, ética, sabiduría deben de priorizarse...;
- la inteligencia artificial no debe interpretarse como problema o competición, sino como inteligencia extendida de las personas;
- habrá que aprovechar las fortalezas de las personas para capacitarlas y recapacitarlas en procesos cíclicos de desarrollo personal y profesional;
- la coordinación de personas; el sector de la atención; el sector educativo; el sector de la energía verde... tendrán un crecimiento exponencial.

El Foro de Davos (2022) retomará estas cuestiones planteando medidas para llevarlas a cabo, a saber:

- Impulsar la inversión en la educación, en el trabajo relacionado con la economía de los cuidados para ayudar a la recuperación económica global.
- Reforzar las habilidades digitales porque puede ralentizar la transición ecológica. No podemos olvidarnos que cuando hablamos de vehículos eléctricos, eso es digital, cuando hablamos de transición energética, estamos en lo digital, cuando hablamos de pasar a una economía sostenible, todo esto está impulsado por la digitalización. No se trata solo de automatizar procesos, sino realmente de crear nuevas plataformas, nuevos negocios, lo que ha incrementado la demanda de tecnologías.
- Prescindir de los gerentes para todo.

En este contexto consideramos que debe haber una mayor flexibilidad en los trabajos con la intención de generar un mayor impacto social para atraer a jóvenes y mujeres, pero también para aprovechar la experiencia y profesionalidad dc muchas personas mayores que quieren y pueden seguir colaborando y aportando de ahí que deba reflexionarse sobre las inversiones de triple impacto y el sobre el valor que generan las empresas de Economía Social.

En España, la línea estratégica anunciada para los próximos años parece apostar por una sociedad que transite hacia un entorno socio-económico ecológico y digital al incorporar áreas temáticas como: salud; seguridad para la sociedad; la energía, clima y movilidad; la alimentación, bioeconomía, recursos naturales y medioambientales; la cultura, creatividad y sociedad inclusiva; mundo digital, industria, espacio y defensa (Estrategia Española de Ciencia, Tecnología e Innovación 2021-2027). Sin embargo, los expertos en recursos humanos de Manpower group apuntan que las principales ofertas laborales de 2023 se concentran en el área de logística, sanidad, hostelería e IT.

Ante este escenario la Unión Europea ha planteado la necesidad de poner límites y reorientar el actual modelo de desarrollo estableciendo calendarios y compromisos que iluminan si bien son conscientes de que su ejecución no es sencilla porque el cambio estructural conlleva un cambio cultural de hondo calado. Esta transformación requiere movilizar a los sectores público, privado y plural, estableciendo alianzas a nivel nacional, autonómico y local alrededor de proyectos de I+D+i transdisciplinares, porque afectan a todos los ámbitos en sus diferentes niveles de responsabilidad (Álvarez-Arregui y Arreguit, 2021).

Atendiendo al argumentario seguido hay que indicar que si bien somos conscientes de que el desafío es enorme también debemos indicar que el desarrollo de propuestas para abordarlo es inaplazable y urgente. Las situaciones son globales por lo que se requiere liderar y gestionar el cambio desde una visión sistémica engarzando los diferentes componentes basándose en los conocimientos disponibles, por tanto, el esfuerzo debe ser conjunto si se quiere que tengan un impacto positivo y sostenible. Las múltiples manifestaciones de pobreza, desigualdades y desempleo que están emergiendo y que van acompañadas de un deterioro medioambiental son inaceptables.

En definitiva, el futuro es impredecible; pero cuando se van desplegando procesos de alineación en torno a valores comunes se amplifica la sintonía entre las personas, las organizaciones y el medio ambiente se favorece la integración de procesos de mejora continua y se van abriendo caminos para entender la educación y la formación como camino continuo que se extiende a lo largo de nuestro periplo vital. Este enfoque permite ir construyendo itinerarios para las poblaciones fundamentadas en la colaboración y la participación ya que desde esa perspectiva se favorecerá su permeabilidad a los requerimientos emergentes de ajuste de sus competencias y valores para hacer emerger comportamientos éticos y corresponsables consigo mismos, con los demás seres vivos y con el medio ambiente (Álvarez-Arregui y Rodríguez-Fernández, 2023).

3. Marcos para el encuentro

Como venimos comentando en una Sociedad que se encuentra cada vez más interconectada, donde las políticas nacionales y europeas se van alineando para conseguir un mayor entendimiento y movilidad de las personas en el espacio europeo, nos está permitiendo transitar de una Sociedad de la Información a una Sociedad del Conocimiento, Sostenible, Corresponsable e Inclusiva. Sin embargo, el camino no es fácil puesto que para dar respuesta a las demandas emergentes se necesita comprensión, compromiso y corresponsabilidad entre los ámbitos académicos, profesionales, políticos, sociales y empresariales. Atendiendo a estos planteamientos son muchas las voces que indican que es urgente la creación de un pacto orientado a la mejora de las capacidades, competencias, cualificaciones y ocupaciones de las personas lo que pone en valor la promoción de itinerarios educativos y formativos que se extiendan a lo largo de toda la vida. Por tanto, los sistemas de formación deben reestructurarse para facilitar múltiples vías de acceso a módulos formativos que faciliten la adaptación permanente de las competencias para evitar que se generen polarizaciones, exclusiones y brechas de alfabetización insalvables.

Este planteamiento no es nuevo, solo tenemos que recordar cómo en el año 2000 se inició un proceso de cambio que bajo el lema *Lifelong learning*, pretendía convertir el aprendizaje a lo largo de la vida en el eje central de las políticas educativas, formativas , sociales y económicas donde se revitalizaban visiones más sistémicas y se focalizaba la atención en el desarrollo integral, en las personas que aprenden; la motivación para aprender, en definitiva, desarrollar la competencia de aprender a aprender (OCDE, 2004).

Las políticas europeas se han ido posicionando favorablemente a este planteamiento, para ello han desarrollado diferentes acciones; efectuando propuestas, cuantificando los avances, evaluando sus logros, reorientando sus actuaciones y ofreciendo recursos basados en las propuestas y demandas. Una apuesta relevante para lograr un mayor entendimiento se evidenció en el año 2008 con la creación del Marco Europeo de Cualificaciones para el Aprendizaje Permanente-EQF. Este marco común de referencia estableció ocho niveles de cualificación y puso el énfasis en los resultados de aprendizaje. El objetivo era disponer de un mecanismo de conversión y encaje entre los diferentes sistemas y niveles de cualificación de los países para «mejorar la transparencia, comparabilidad y portabilidad de las cualificaciones de las personas» con arreglo a las practicas realizadas en los diferentes Estados miembros lo que a su vez avalaba una vez más el Aprendizaje a lo largo de la Vida. La proyección que se pretendía dar a este marco abarcó la Educación en General y de Personas Adultas, la Formación Profesional y Educación Superior.

En este contexto cabe destacar, el nacimiento del sistema europeo de créditos para la educación y la formación profesional,[1] ECVET; el Europas.

Figura 1. La creación inicial del Marco Europeo de Cualificación Profesional

Fuente: Consejo de la Unión Europea (2008)

Estos instrumentos tienen como denominador común la referencia a los *learning outcomes* (resultados de aprendizaje), previstos en los principios europeos para la validación del aprendizaje formal y no formal (Cedefop, 2010).

---

[1] «Crédito»: confirmación de que una parte de una cualificación, compuesta por un conjunto coherente de resultados de aprendizaje, ha sido evaluada y validada por una autoridad competente, según una norma acordada; el crédito es concedido por las autoridades competentes cuando la persona ha logrado los resultados de aprendizaje definidos, respaldados por evaluaciones adecuadas, y puede expresarse mediante un valor cuantitativo (créditos o puntos de créditos) que refleje la carga de trabajo estimada que normalmente necesita una persona para alcanzar los resultados de aprendizaje.

Sin embargo, los RA han llevado a confusión porque se han solapado con los enfoques basados en las competencias que ya tenían un alto grado de generalización en Europa, lo que ha generado efectos diferentes en el grado de implantación en los estados miembros.

En el EQF, los resultados de aprendizaje son expresiones de lo que una persona en un proceso de aprendizaje sabe, comprende y es capaz de hacer al culminar un proceso de aprendizaje. Los descriptores del marco coinciden con la trilogía KSC (*knowledge, skills, and competences*; conocimientos, destrezas y competencias) como se muestra en la tabla siguiente.

Por lo tanto, es a partir del año 2008 cuando se empieza a desplegar un proceso de cualificación en los Estados miembros que llevará aparejado nuevas regulaciones, que a su vez harán necesaria la incorporación de nuevos órganos y actores basados en dónde pongan el acento los diferentes países; si es en la comunicación o en la reforma de ellos (Cedefop, 2010).

Figura 2. Correspondencia entre Cualificaciones.

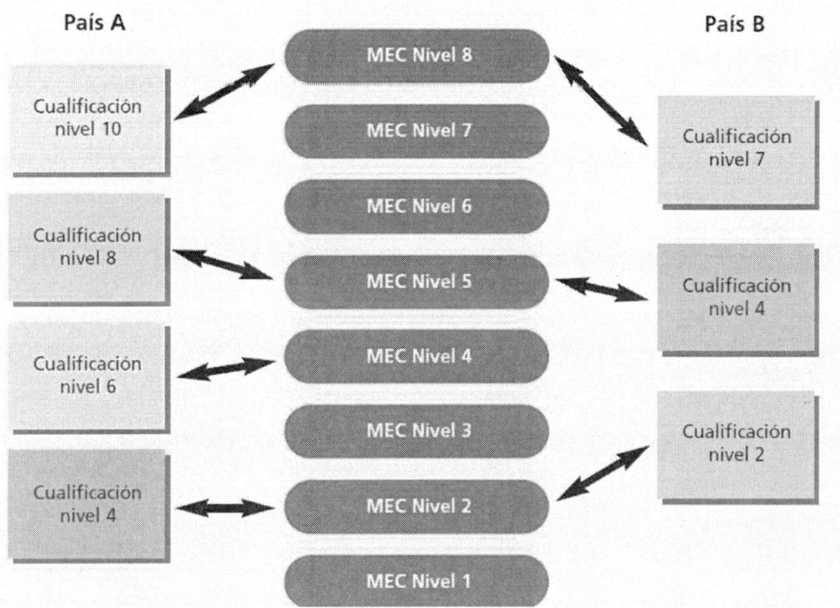

Fuente: AMITS (Asociación de Maestros y Técnicos de FP, ICQP, 2011)

En definitiva, el marco europeo se conforma como un traductor del nivel de cualificaciones entre países, facilitando la movilidad en el espacio europeo; tanto para estudiantes como para personas trabajadoras. A manera de ejemplo presentamos en la imagen siguiente un itinerario seguido por una persona que si vive en el país A, en el que ha obtenido una cualificación de nivel 10 (según marco nacional de cualificaciones del país A) y quiere estudiar o trabajar en el país B, su cualificación se corresponde con un nivel 8 del marco europeo de cualificaciones (EQF) y con un nivel 7 del marco nacional de cualificaciones del país B.

En este proceso de ajuste el Consejo Europeo en el año 2017 publicó diferentes recomendaciones en relación con la implantación y el desarrollo del Marco Europeo de Cualificaciones para el aprendizaje permanente. A este respecto, queremos destacar los descriptores de los resultados de aprendizaje, dado que han permitido unificar criterios entre los países miembros (Recomendación 2017/C 189/03 del Consejo, de 22 de mayo de 2017).

Figura 3. Marco Europeo de Cualificación para el Aprendizaje Permanente.

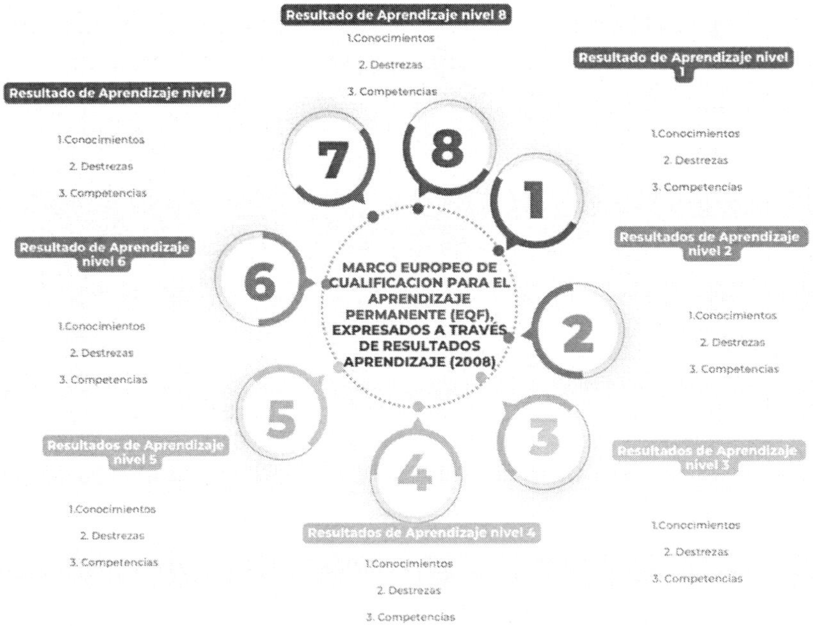

Fuente: Consejo de la Unión Europea (2017)

La imagen refleja una estructura en la que se mantienen ocho niveles, se refuerzan los resultados del aprendizaje para determinar con mayor claridad lo que las personas saben, comprenden y hacen. De esta forma pasa a un segundo plano la titulación, la duración del aprendizaje o el tipo de institución en la que se ha estudiado.

Desde este enfoque se apuesta por un modelo más inclusivo y práctico que ha permito a España articular el Marco Español de Cualificaciones (MECU) a través del RD 272 de 12 de abril del año 2022. En esta norma se establece el Marco Español de Cualificaciones para el Aprendizaje Permanente e incluye lo previsto en el RD 2017/2022 del 15 de julio (que establecía el Marco Español de Cualificaciones para la Educación Superior, MECES). De esta manera se completa el MECU con niveles que estaban pendientes de integrar, y dando respuesta a las recomendaciones del Parlamento Europeo y el Consejo de la UE.

Figura 4. Descriptores de los niveles del Marco Europeo de Cualificaciones.

Fuente: Personal

Este Marco se articula en niveles progresivos donde se tienen en cuenta los grados alcanzados, desde competencias iniciales hasta los más complejos, con independencia de la forma en que se ha adquirido (formal, informal). Este planteamiento integra los centros formativos (colegios, institutos, universidades, centros de formación dependientes de los ayuntamientos, instituciones formativas autorizadas), el aprendizaje en el lugar de trabajo (actividades de formación, la propia actividad profesional) y abre la formación a través de otros espacios (ONG, aficiones, actividades culturales, etc.) que antes no eran considerados

En la actualidad, la aprobación del MECU se encuentra a la espera de superar la certificación de compatibilidad con el EQF, que conlleva la evaluación por parte de expertos internacionales de esta regulación. Este marco no debe entenderse como un procedimiento de homologación ni convalidación de títulos, ni tampoco como un sistema nacional de cualificaciones y formación profesional, ni mucho menos como un catálogo de estándares de aprendizaje. En cambio, sí lo entendemos como una herramienta que permita el reconocimiento de saberes.

Figura 5. Correspondencia entre Cualificaciones en España.

MARCO ESPAÑOL DE CUALIFICACIONES

NIVEL 8
Doctorado (Nivel 4 MECES)

NIVEL 7
Grado largo o Máster
(Nivel 3 MECES)

NIVEL 6
Grado o Técnico Superior de Enseñanzas Artísticas Superiores (Nivel 2 MECES)

NIVEL 5
Técnico Superior (Nivel 1 MECES) / Certificados de profesionalidad 3 Curso de Especialización de Grado Superior

NIVEL 4
Bachillerato y técnico (FP y Enseñanzas de Régimen Especial)/ Certificados de profesionalidad 2 / Curso de Especialización de Grado Medio

NIVEL 3
Título en ESO o Técnico Básico
Certificado de Profesionalidad

NIVEL 2
Certificado de superación de 2 de la ESO +FP (ACNEE)

NIVEL 1
Educación Primaria

Fuente: Ministerio de la Presidencia, Relaciones con las Cortes y Memoria Democrática (2022)

Una vez que el MECU sea certificado a nivel europeo se podrán establecer el procedimiento de «auto certificación», que consistirá en

> la emisión del documento que acompañe a cada titulación o certificación recogida en este Marco, con la información sobre el nivel y subnivel con que se corresponda. Este proceso pretende incluir, para cada una de las titulaciones, certificaciones o acreditaciones que se referencien en el marco, los criterios que han llevado a dicha incorporación. En este contexto se tendrán en cuenta los conocimientos, destrezas, autonomía y responsabilidad necesarios para implementar los aprendizajes en el ámbito académico o profesional que correspondan (RD 272/2022 del Ministerio de la Presidencia, Relaciones con las Cortes y Memoria Democrática).

A manera de síntesis presentamos un cuadro que recoge las principales argumentaciones que se han presentado en este apartado.

Figura 6. Síntesis de las aportaciones realizadas

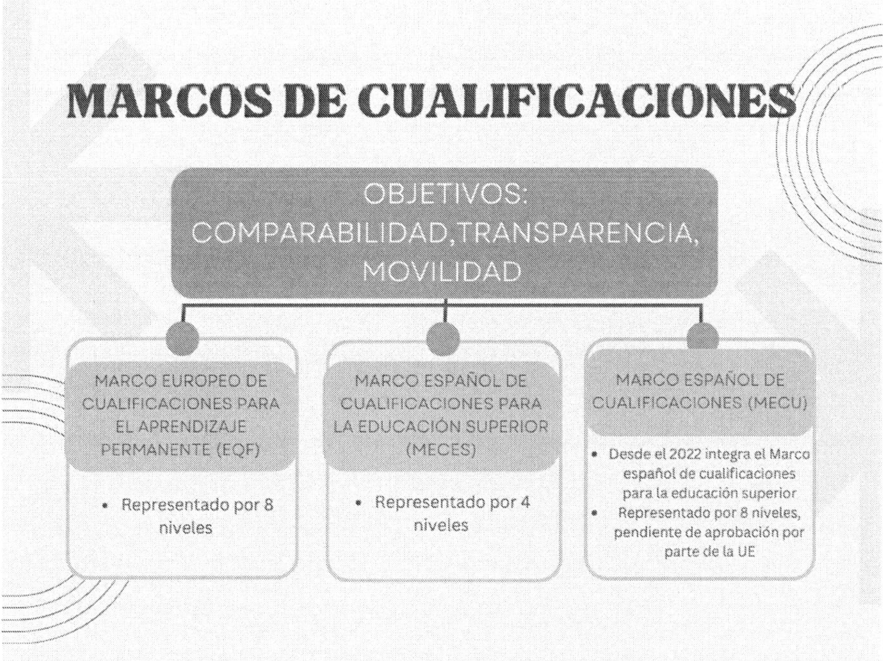

4. Conclusiones

Atendiendo a los objetivos planteados de este capítulo, queremos destacar las siguientes conclusiones y propuestas de mejora, a saber:

La Formación Profesional del futuro pasará por la acreditación de carácter supranacional, es decir, que las cualificaciones del estudiantado tengan el mismo reconocimiento profesional en todos los países de la UE.

Los marcos de cualificación que se han venido desplegando en Europa y España se han ido reorientando progresivamente hacia los resultados de aprendizaje. Este planteamiento es profundo y de hondo calado, ya que afecta a las culturas de las organizaciones, dado que conlleva una ruptura con tradiciones fuertemente asentadas en los sistemas de enseñanza, donde la disciplina, la planificación estricta de las enseñanzas y la identificación del tipo de profesor y formador autorizado a dispensar esas enseñanzas vienen siendo los referentes en las últimas décadas.

Los marcos de entendimiento que se están construyendo en nuestro entorno abren la posibilidad de desplegar itinerarios de aprendizaje para fomentar el Aprendizaje a lo Largo de la Vida con independencia del contexto donde se adquirieren, también permite una ordenación y racionalización de la oferta y gestión de las cualificaciones y abren caminos a nuevos programas de educación y formación más personalizados.

El nuevo escenario educativo y profesional pretende desarrollar las potencialidades de la ciudadanía en todos los niveles y contextos al incorporar los aprendizajes formales, no formales e informales en estos procesos de desarrollo. La idea que subyace bajo este planteamiento es abrir más vías de aprendizaje que promuevan la prosperidad económica, la empleabilidad, la sostenibilidad y el bienestar de la población.

En el entorno europeo los sistemas de cualificaciones que se han diseñado facilitan un alineamiento entre la educación general, la formación profesional y el aprendizaje experiencial. Bajo este enfoque se pretende promover una alfabetización en competencias básicas, educativas y profesionales con la intención de favorecer un aprendizaje permanente que facilite y flexibilice la inserción laboral y el desarrollo profesional continuo.

Las cualificaciones a escala europea han sido incorporadas en el Europass donde se recogen las bases de datos proporcionados por los Estados miembros porque son ellos las que los gestionan. Atendiendo a este planteamiento cabe reconocer que la ESCO es un instrumento que pretende tender puentes sólidos entre el ámbito académico y laboral, y para reducir los desajustes entre cualificaciones y el mercado de trabajo; además de abrir vías para establecer un lenguaje de común que facilite la transparencia, la traducción, la comparación, la identificación y el análisis del contenido de las cualificaciones.

La estructura de la formación profesional en España venía articulada por títulos y certificados de profesionalidad que expedían la administración educativa y laboral. La Ley 2020 ha supuesto un cambio porque integra el doble Sistema de Formación Profesional y unifica las competencias en un solo departamento ministerial. Este hito normativo responde al principio de aprendizaje a lo largo de la vida promovido por la UE.

La normativa vigente respalda el desarrollo de ecosistemas de formación creativos y emprendedores que integren el ámbito académico, empresarial, político y social. Los referentes para seguir deben prestar especial atención a las necesidades, demandas y expectativas de las personas físicas y jurídicas, a la transformación productiva y digital, a la gobernanza, a los resultados /evidencias de aprendizaje/competencias adquiridas y valorar el impacto de los Centros de Orientación, Emprendimiento e Innovación para la Educación-Formación y Empleo.

La Formación que se avecina se prevé como un sistema que este rodeado de puentes, ágiles y con perspectivas de futuro donde el objetivo será convertir auténticos híbridos entre los ámbitos políticos, académicos, empresariales y sociales.

Por último, resulta necesario alinear las competencias (instrumentales, transversales y sistémicas), las instituciones (públicas y privadas), el desarrollo personal-profesional y social, la sostenibilidad medioambiental y el mercado profesional. En este escenario se debe prestar atención a las brechas actuales y emergentes que afloren como consecuencia de las macrotendencias asociadas al neoliberalismo, globalización, desarrollo científicos-tecnológico y el acceso abierto a los datos.

Bibliografía

Álvarez-Arregui, E. y Arreguit, X. (2019) (Coords.). Society, Education and accelerating Innovation. The Relevance of Systemic and Transdisciplinary Approach. *Aula Abierta, 48* (4).

Álvarez-Arregui, E. y Rodríguez-Fernández (2023) (Coords.). *Desarrollo de competencias STEAM en centros educativos de Economía Social. Guía de buenas prácticas para reforzar la presencia de la mujer en la ciencia y en la innovación.* Acceso en: https://despertandovocaciones.es/competencias-steam/

Álvarez-Arregui, E.; Rodríguez-Fernández, C.; De la Fuente González, S.; y Rodríguez-Martín, A. (2022). Ecosistemas de Investigación, Desarrollo E Innovación Educativa para el desarrollo de Proyectos de Aprendizaje por Servicio Sostenibles. En Americo Junior Nunes Da Silva (Organizador). *A Educaçao Enquanto Fenômeno Social: Gestaoe Práticas Pedagógicas 2*. Atena. 95-115.

Arreguit, X. y Hugues, J. F. (2019). Competences and Education for Tomorrow's Jobs and Challenges: A Company´s Perspective. *Aula Abierta 48* (4) 373-392.

Arbizu Echávarri, F. M.ª (2010). *Convergencia europea en formación profesional.* Grupo ENI.

Beck, U., A. Giddens y Lash. S. (1997). *Modernización Reflexiva. Política, tradición y estética en el orden social moderno.* Alianza Universidad

Bell, R. T. (1991). *Translation and Translating. Theory and Practice.* Longman.

Castells, M. (1999). *La era de la información. Fin de milenio.* Vol. 3. Alianza.

----- (2000*a*). *La era de la información. El poder de la identidad.* Vol. 2. Madrid. Alianza.

----- (2000*b*). *La era de la información. La sociedad red. Vol. 1.* Madrid. Alianza.

Cedefop (2001). *Iniciativas nacionales para promover el aprendizaje a lo largo de la vida en Europa.* Eurydice.

----- (2008). *Terminología de la política europea de educación y formación.* Selección de 100 términos clave. CEDEFOP.

----- (2010). *¿Vamos por buen camino? Desajuste de competencias en Europa.* CEDEFOP.

----- (2010). *El empleo en Europa exigirá más conocimientos y competencias.* Comisión Europea. CEDEFOP.

----- (2012). *Sistemas de educación y formación permeables: menos obstáculos y más oportunidades.* CEDEFOP.

----- Nota informativa, (2012). *Marcos de cualificaciones en Europa: Un instrumento para la transparencia y el cambio.* CEDEFOP.

----- (2012). *Prevenir la obsolescencia de competencias.* CEDEFOP.

----- (2012). *Europass 2005-2020: logros y perspectivas.* CEDEFOP.

----- (2012). *Europa ante el reto de las competencias.* CEDEFOP.

Consejo de la Unión Europea (2011). *El papel de la educación y de la formación en la estrategia europea 2020.*

----- (2008). Marco Europeo de Cualificaciones para el aprendizaje permanente y por la que se deroga la *Recomendación del Parlamento Europeo y del Consejo de 23 de abril de 2008 relativa a la creación del Marco Europeo de Cualificaciones para el aprendizaje perma-*

nente (C189/03) *a la creación del Marco Europeo de Cualificaciones para el aprendizaje permanente* (C 111/01).

DG Employment, Social Affairs, and Inclusion of the European Commission (2021). *European Skills, Competences and Occupations Classification, ESCO-Annual Report*. Disponible en: https://esco.ec.europa.eu/en/about-esco/publications/publication/annual-reports (Acceso 4 febrero 2023).

Dosi, G., Freeman, C., Richard, N., Silverberg, G. and Soete, L. (Eds.) (1990). *Technical Change and Economic Theory*. Pinter.

Drucker, P. F. (1981). *Las nuevas realidades: en el estado y la política, en la economía y los negocios, en la sociedad y en la imagen del mundo*. Edhasa.

European Commission (2017). *Strengthening European Identity Through Education and Culture: The European Commission's Contribution to the Leaders' Agenda*. European Commission.

----- (2018*a*). *Proposal for a Council Recommendation on Key Competences for Lifelong Learning*. Retrieved from https://eur-lex.europa.eu/legal-content/EN/TXT/?uri=CELEX%3A52018PC0441

----- (2018*b*). *Supporting Education and Training in Europe and Beyond: The Erasmus+ Programme in 2017*. European Commission.

----- (2019*a*). *A European Green Deal*. Retrieved from https://ec.europa.eu/info/strategy/priorities-2019-2024/european-green-deal_en

----- (2019*b*). *Education and Training Monitor 2019: Country analysis*. Retrieved from https://ec.europa.eu/education/sites/education/files/monitor2019-ecountryanalysis_en.pdf

----- (2019*c*). *Education and Training 2020: ET 2020 Framework*. Publications Office of the European Union.

----- (2019*d*). *The European Green Deal*. European Commission.

----- (2020*a*). *European Climate Law: enshrining the 2050 climate neutrality objective*. European Commission.

----- (2020*b*). *European Education Area: A new strategy for making the most of our greatest asset*. European Commission.

----- (2021*a*). *Digital Education Action Plan 2021-2027*. Retrieved from https://ec.europa.eu/education/education-in-the-eu/digital-education-action-plan-2021-2027_en

----- (2021*b*). *Youth Employment Initiative*. Retrieved from https://ec.europa.eu/social/main.jsp?catId=1069&langId=en

European Environment Agency (2019). *The European Environment — State and Outlook 2020: Knowledge for transition to a sustainable Europe*. European Environment Agency.

European Parliament (2017*a*). *Education in the Digital Era: Challenges, Opportunities and Lessons for EU Policy Design*. European Parliament.

----- (2017*b*). *STEM Education in the European Union*. European Parliament.

----- (2020*a*). *The EU's response to the COVID-19 outbreak: Measures to support youth employment*. Retrieved from https://www.europarl.europa.eu/news/en/headlines/economy/-

20200706STO82115/the-eu-s-response-to-the-covid-19-outbreak-measures-to-support-youth-employment

European Union (2019). *Fondo Europeo de Transición Justa*. European Union.

Eurostat (2020*b*). *Science, Technology, Engineering and Mathematics (STEM) Graduates in the European Union*. Publications Office of the European Union.

García Molina, J. L. (2011) Los Marcos de Cualificación: clave de futuro en la modernización de los sistemas de educación y formación profesional. *Revista del Instituto de Estudios Económicos, 3 y 4*.

Gómez-Expósito, A., del Castillo, J. D., Guerrero-Ibáñez, J. A., & Martínez-Rojas, M. (2021). A review of robotics in the circular economy: Challenges, opportunities, and future prospects. *Resources, Conservation and Recycling, 167,* 105364.

Habermas, J. (1987). *Teoría de la acción comunicativa. Volumen 1: Racionalidad de la acción y racionalización social*. Taurus.

Landaburu Universitas, J. (2011). *Eurobask. La política educativa de la UE con vistas al 2020. ¿Una apuesta por la continuidad o por el cambio? Universitas. Eurobask.* (125-180).

Liao, H., Chen, X., & Xu, B. (2020). Research on the development of renewable energy industry in EU: Status, problems, and solutions. Renewable Energy, 147, 1466-1474.

Ministerios Europeos de Educación y Formación Profesionales (2010) *Comunicado de Brujas sobre una cooperación europea reforzada en materia de educación y formación profesional para el periodo 2011-2020*. Ministerio de Educación y Formación Profesional.

Ministerio Educación (2002). Real Decreto 1326/2002, de 13 de diciembre, por el que se modifica el Real Decreto 375/1999, de 5 de marzo, por el que se crea el Instituto Nacional de las Cualificaciones. (*BOE* del 14 de diciembre).

----- (2005). Real Decreto 1416/2005, de 25 de noviembre, por el que se modifica el Real Decreto 1128/2003, de 5 de septiembre, por el que se regula el Catálogo Nacional de Cualificaciones Profesionales.

----- (2011). Objetivos Educativos Europeos y Españoles. Estrategia Educación y Formación 2020. Secretaría general técnica, Subdirección general de Documentación y Publicaciones.

----- (2012). *Acreditación de Competencias, Dossier de prensa*. Ministerio.

----- (2014*a*). Real Decreto 817/2014, de 26 de septiembre, por el que se establecen los aspectos puntuales de las Cualificaciones Profesionales para cuya modificación, procedimiento de aprobación y efectos es de aplicación el artículo 7.3 de la Ley Orgánica 5/2002, de 19 de junio, de las Cualificaciones y de la Formación Profesional.

----- (2014*b*). Real Decreto 96/2014, de 14 de febrero, por el que se modifican los Reales Decretos 1027/2011, de 15 de julio, por el que se establece el Marco Español de Cualificaciones para la Educación Superior (MECES), y 1393/2007, de 29 de octubre, por el que se establece la ordenación de las enseñanzas universitarias oficiales (*BOE* de 5 de marzo).

----- (2020*a*). Ley Orgánica 3/2020, de 29 de diciembre, por la que se modifica la Ley Orgánica 2/2006, de 3 de mayo, de Educación (*BOE* de 30 de diciembre).

----- (2020*b*). Real Decreto 498/2020, de 28 de abril, por el que se desarrolla la estructura orgánica básica del Ministerio de Educación y Formación Profesional (*BOE* del 1 de mayo).

––––– (2022*a*). Ley Orgánica 3/2022, de 31 de marzo, de ordenación e integración de la Formación Profesional (*BOE* del 1 de abril de 2022).

Ministerio Presidencia, Relaciones con las Cortes y Memoria Democrática. (2022*b*). Real Decreto 272/2022, de 12 de abril, por el que se establece el Marco Español de Cualificaciones para el Aprendizaje Permanente. *BOE* n.º 109.

Mertens Leonard (2000). *La Gestión por Competencia Laboral en la Empresa y la Formación Profesional.* OEI.

Nussbaum, M. C. (2010). *Crear capacidades, propuesta para el desarrollo humano.* Paidós.

––––– (2012). *Cultivating Humanity. A classical defense of reform in liberal education. Harvard University Press.*

OECD. (2018). *Education at a Glance* 2018: OECD Indicators. OECD Publishing.

––––– (2020). OECD *Environmental Performance Reviews: European Union.* OECD Publishing.

––––– (2022). *Panorama de la educación 2022.* Indicadores de la OCDE.

OIT (2012). *Informe sobre el trabajo en el mundo Mejores empleos para una economía mejor.* Instituto internacional de estudios laborales.

Parlamento Europeo y del Consejo (2008). *Recomendación relativa a la creación del Marco Europeo de Cualificaciones para el aprendizaje permanente* (C 111/01)

Solomou, A., & Diamantis, D. (2021). Review of circular economy approaches in EU legislation and policies. *Resources, Conservation and Recycling, 167,* 105334.

Senge, P. M. (1990). *The Fifth Discipline. The Art and Practice of the Learning Organization.* N. Y. Dobuleday.

Tsai, S. B., Chang, J. H., & Lin, Y. K. (2020). Biotechnology industry and its future development in the European Union: A bibliometric analysis. *Sustainability, 12*(8), 3299.

Uncetabarrenechea Larrabe, J. (2010). *La política educativa de la Unión Europea con vistas al 2020La nueva estrategia Europa 2020: Una apuesta clave para la UE en el s. XXI.* Consejo Vasco del Movimiento Europeo. (127-131).

UNESCO (2015*a*). *Education for Sustainable Development Goals: Learning Objectives.* UNESCO.

––––– (2015*b*). *Education 2030: Incheon Declaration and Framework for Action for the implementation of Sustainable Development Goal 4.* UNESCO.

Vasseur, V., Torreilles, S. L., & Goldmann, M. (2021). Towards a more sustainable food system in the EU: A review of the potential contribution of biotechnology. *Trends in Food Science & Technology, 107,* 251-263.

Word Economic Forum (2022*a*). *Annual report 2021-2022.* CEDEFOP.

––––– (2022*b*). *Future Focus 2025: Pathways for Progress from the Network of Global Future Councils 2020–2022.*

En marche vers l'Espace européen de la Formation Professionnelle et de l'Apprentissage[1]

Jean Arthuis
Président fondateur d'EURO APP MOBILITY

La perspective de la construction d'un espace européen d'éducation d'ici 2025 conduit à des initiatives politiques stratégiques nouvelles dans tous les secteurs de l'éducation et à des projets innovants, financés par l'Union européenne, pour une transformation structurelle des formations, des apprentissages et des enseignements.

Dans mes mandats et fonctions politiques, au plan local, national ou européen, j'ai toujours porté une attention particulière à la situation des jeunes rebutés par les voies académiques et précocement attirés par les métiers et l'alternance. Désireux de mettre en valeur cette filière, j'ai souhaité démocratiser le programme *Erasmus+* dont j'avais constaté qu'il laissait à l'écart les apprenants professionnels alors que les étudiants de l'enseignement supérieur y avaient couramment accès. La formation professionnelle est un investissement d'avenir, elle conditionne notre compétitivité, notre aptitude à produire à hauteur de nos besoins. Il est désormais admis qu'elle s'acquiert tout au long de la vie, que l'alternance l'optimise et que l'ouverture internationale des parcours de formation porte à l'excellence tous les jeunes qui y ont accès. Le diagnostic est robuste, la mobilité suffisamment longue, au moins trois mois, véritable immersion dans un autre pays, à la rencontre d'autres pratiques et cultures,

[1] Note du Coordinnateur : Ce chapitre a été reçu en mars 2023 et traduit sur proposition du Conseil Scientifique de la Collection. Le texte original est publié, ainsi que la traduction en espagnol.

Hacia el espacio europeo de formación profesional, aprendizaje y capacitación[1]

Jean Arthuis
Presidente fundador de euro app mobility

La perspectiva de la construcción de un espacio europeo de educación de aquí a 2025 conduce a iniciativas políticas estratégicas novedosas en todos los sectores de la educación y a proyectos innovadores, financiados por la Unión Europea, para una transformación estructural de las formaciones, los aprendizajes, las enseñanza y la capacitación.

Durante mis mandatos y desempeños políticos, en el ámbito local, nacional o europeo, siempre he prestado una especial atención a la situación de los jóvenes relegados por las vías académicas y precozmente atraídos por oficios y programas de estudio y trabajo. Deseoso de dar valor a este sector, deseé democratizar el programa *Erasmus+* del que había constatado que dejaba fuera a los estudiantes de formación profesional, mientras que los estudiantes de la enseñanza superior tenían normalmente acceso a él. La formación profesional es una inversión de futuro, condiciona nuestra competitividad, nuestra aptitud de producir al nivel de nuestras necesidades. Hoy se acepta que se adquiere a lo largo de la vida, que los programas de estudio y trabajo la optimizan y que la apertura internacional de los itinerarios formativos lleva a la excelencia a los jóvenes que tienen acceso a ella. El diagnóstico es robusto, una movilidad suficientemente larga, de al menos tres meses, inmersión real en otro país, descu-

[1] Nota del coordinador: Esta perspectiva de la FP enriquece la visión académica de otros capítulos. Se añade esta traducción del texto original a instancia del Consejo Científico de la Colección (traducción de Ana Isabel González).

est une clé supplémentaire d'accès à l'emploi et à la citoyenneté européenne. Pour les employeurs, c'est un enrichissement de leurs ressources humaines. Pour tous les pays de l'Union européenne (UE) c'est un atout décisif dans la construction d'une économie performante face aux défis de la compétition mondiale. Paradoxalement, tous les avis convergent pour reconnaître la formidable valeur ajoutée de la mobilité, mais les apprenants professionnels en sont privés.

En 2014, candidat aux élections européennes, j'avais inscrit l'*Erasmus des apprentis* au premier rang de mes engagements. Elu député, présidant la commission des budgets, je me suis attaché à faire voter dès 2015 un projet-pilote *« Long term mobility for apprentices »*. Il avait pour objet d'expérimenter la formule aux fins d'identifier et évaluer les freins et les obstacles à l'origine d'une apparente et injuste discrimination. Nous n'avons pas tardé à les appréhender :

- Freins juridiques, car pour le jeune, l'apprentissage est un contrat de travail ou un stage, selon les pays, dont l'objet est la formation, ce qui conduit l'employeur à établir une convention avec un organisme de formation. Les législations nationales sont diverses et compliquent le choix du statut réservé au jeune dans le pays d'accueil pendant sa mobilité ;
- Freins financiers, car il convient d'assurer l'autonomie financière et la protection sociale du jeune pendant sa mobilité ;
- Freins académiques, en dépit des initiatives et outils existants tendant à permettre/faciliter la reconnaissance des acquis de la mobilité lors de la délivrance du diplôme de qualification professionnelle, des inerties et des angles morts perdurent ;
- Freins linguistiques, dans la mesure où nombre d'organismes de formation n'ont pas encore introduit d'enseignements en une langue étrangère, sans doute dans une large mesure l'anglais, destinés aux apprentis venant d'un autre pays ;
- Freins psychologiques éprouvés par les jeunes, qui hésitent à sortir de leur zone de confort, par les familles qui tardent à autonomiser leurs enfants, par les entreprises qui craignent de perdre leur apprenti. Même appréhension ressentie par certains responsables politiques re-

briendo otras prácticas y cultura, es una llave suplementaria para el acceso al empleo y a la ciudadanía europea. Para los empleadores, supone un enriquecimiento de sus recursos humanos. Para todos los países de la Unión Europea (UE) es un activo decisivo para construir una economía eficiente frente a los desafíos de la competencia mundial. Paradójicamente, todas las opiniones coinciden en reconocer el formidable valor añadido de la movilidad, pero los estudiantes de formación profesional no tienen acceso a ella.

En 2014, como candidato a las elecciones europeas, incluí el *Erasmus para aprendices* (estudiantes de FP) en el primer nivel de mis compromisos. Elegido diputado, presidiendo la comisión de presupuestos, me esforcé para que se votara desde 2015 un proyecto piloto «*Long term mobility for apprentices*». Su objetivo era explorar la fórmula para identificar y evaluar las trabas y obstáculos que originan una aparente e injusta discriminación. No tardamos en identificarlos:

- Trabas jurídicas, pues, para el joven, el aprendizaje (la formación práctica) implica un contrato de trabajo o unas prácticas, según el país, con un objetivo formativo, lo que lleva al empleador a establecer un convenio con un organismo de formación. Las legislaciones nacionales son diversas y complican la elección del estatus reservado al joven en el país de acogida durante su movilidad;
- Trabas financieras, pues conviene asegurar la autonomía financiera y la protección social del joven durante su movilidad;
- Trabas académicas, a pesar de las iniciativas y herramientas existentes que permiten/facilitan el reconocimiento de las competencias adquiridas durante de movilidad con la expedición del título de cualificación profesional, persisten inercias y ángulos ciegos;
- Trabas lingüísticas, en la medida en que un número de organismos formativos aún no han introducido la enseñanza en una lengua extranjera, en gran medida el inglés, destinados a aprendices (estudiantes de FP) procedentes de otro país;
- Trabas psicológicas experimentadas por los jóvenes, que dudan de salir de su zona de confort, por las familias que tardan en independizar a sus hijos, por las empresas que temen perder a su aprendiz (estudiante en prácticas). Similar aprensión a la que sienten ciertos

doutant la migration d'une partie de leurs jeunes au profit d'autres pays en quête de ressources humaines.

Avec mes collègues députés, signataires du projet-pilote, nous avons travaillé étroitement avec les services de la Commission européenne, DG emploi et DG Education-culture. Une fraction substantielle des crédits *Erasmus* a été fléchée dès 2017 en direction des alternants professionnels *« Erasmus-Pro »*. En dépit de sa réserve tenant au fait que l'Education et la Formation Professionnelle n'entrent pas dans les compétences de l'Union, la Commission a adopté en 2018 une Résolution à l'intention du Conseil pour *« un apprentissage de qualité et efficace »*.

Ayant décidé de quitter le Parlement en 2019, j'ai estimé que l'action entamée devait tendre vers l'opérationnel pour lever les freins et les obstacles. Le 1er septembre 2020, nous avons créé avec le soutien du gouvernement français, EURO APP MOBILITY (EAM), domiciliée à Paris, au siège du Conservatoire National des Arts et Métiers. Notre association réunit la plupart des grands réseaux de formation professionnelle par alternance, préparant tous les niveaux de diplôme. Dans la foulée, nous avons fondé à Bruxelles une AISBL EURO APP MOBILITY EU (EAM EU), administrée par des personnalités de différents pays pour enclencher le processus à l'échelle de l'Europe.

Notre équipe a organisé en septembre 2021, sous le haut patronage du Président de la République les « Etats généraux de la mobilité des apprentis en Europe ». Outre plusieurs ministres, nous y avons accueillis le commissaire Nicolas Schmit, en charge de l'Emploi, des Affaires sociales et de l'Insertion. A cette occasion nous avons débattu et approuvé un projet de *« Manifeste pour la mobilité des apprentis en Europe »*. Il définit les prérequis de l'ouverture internationale des parcours de formation et constitue notre feuille de route.

Le déclenchement d'une dynamique de la mobilité longue dépend d'une volonté partagée par les pouvoirs publics et les acteurs. Au plan opérationnel, les organismes de formation des apprentis (OFA) et les entreprises ont un rôle primordial. Cinq prérequis conditionnent la réussite de leur engagement volontaire :

responsables políticos que temen la migración de algunos de sus jóvenes en beneficio de otros países con demanda de recursos humanos.

Con mis colegas diputados, firmantes del proyecto piloto, trabajamos estrechamente con los servicios de la Comisión Europea, DG Empleo y DG Educación-Cultura. Una fracción substancial de los créditos Erasmus se destinó desde 2017 a las prácticas profesionales «Erasmus-Pro». A pesar de su cautela dado que la Educación y la Formación Profesional no forman parte de las competencias de la Unión, la Comisión adoptó en 2018 una Proposición de Recomendación del Consejo para «*una formación de Aprendices (estudiantes de FP) de Calidad y Eficaz*».

Habiendo decidido abandonar el Parlamento en 2019, consideré que las acciones emprendidas debían orientarse hacia aspectos operativos para eliminar frenos y obstáculos. El 1 de septiembre de 2020, con el apoyo del gobierno francés, creamos EURO APP MOBILITY (EAM), domiciliado en París, en la sede del Conservatorio Nacional de las Artes y Oficios. Nuestra asociación reúne a la mayoría de las principales redes de formación profesional dual, preparando todos los niveles de diplomas. Al mismo tiempo, fundamos una AISBL EURO APP MOBILITY EU (EAM EU) en Bruselas, administrada por personalidades de diferentes países, para iniciar el proceso a escala europea.

Nuestro equipo organizó en septiembre de 2021, bajo el alto patrocinio del presidente de la República, los «Estados generales de la movilidad de los Aprendices (estudiantes de FP) en Europa». Además de varios ministros, recibimos al comisario Nicolas Schmit, responsable de Empleo, Asuntos sociales e Inserción. En dicha ocasión debatimos y aprobamos un proyecto de «*Manifiesto para la movilidad de los Aprendices (estudiantes de FP) en Europa*». Definía los prerrequisitos de apertura internacional de los itinerarios formativos y constituye nuestra hoja de ruta.

El comienzo de una dinámica de movilidad larga depende de una voluntad compartida por los poderes públicos y las partes. En el plano operativo, los Organismos de Formación de Aprendices (Centros de Formación Profesional - CFP) (OFA) y las empresas tienen un papel primordial. Cinco requisitos previos condicionan el éxito de su compromiso voluntario:

1. « Référent mobilité » au sein des OFA :
   L'ouverture internationale des OFA ne peut atteindre ses objectifs sans disposer d'un poste *« référent mobilité »*. Il sensibilise les jeunes et leurs maîtres d'apprentissage aux bienfaits de la mobilité longue. C'est lui qui prend contact avec des OFA étrangers, en vue de nouer des partenariats. Sont ainsi définis par voie de convention les valeurs, objectifs, méthodes pédagogiques et modalités d'évaluation des acquis de la mobilité. Le référent doit également préparer l'accueil de jeunes venant d'autres pays et convenir avec les entreprises de leur intégration dans les équipes au travail. La création de ce poste et des dépenses qui s'y rapportent appellent un financement d'amorçage ;
2. « Développeur de la mobilité longue des apprentis » au plan des Régions :
   A l'échelle régionale, l'activation du dispositif peut être facilitée par l'installation d'un *« développeur de la mobilité longue des apprentis »*. A l'écoute des OFA, des entreprises et des collectivités territoriales, en relation avec les Agences Erasmus+ nationales, sa mission serait d'informer, de susciter des projets, d'accompagner, de coordonner et de conseiller les volontaires. Incidemment, sa mission pourra utilement promouvoir toutes les mobilités à vocation professionnelle, sans considération de durée. Les sources de financement de cette mission peuvent provenir du budget de l'UE sur décision des Etats membres gestionnaires des fonds structurels, notamment FSE+.
3. Reconnaissance systématique des acquis de la mobilité :
   La reconnaissance des acquis de la mobilité doit transcender les règles et procédures nationales. En conséquence, Il convient de prévoir un système de transfert d'accumulation et de capitalisation des acquis de la mobilité. Le modèle des ECTS (European Credit Transfer System) donne l'exemple de la procédure appropriée. Il importe de prendre en compte le temps et les contenus de formation suivis en mobilité comme faisant partie intégrante du parcours du jeune dans les conditions d'obtention de son diplôme.

1. «Referente movilidad» en el marco de los OFA:
   La apertura internacional de los OFA no puede alcanzar sus objetivos sin disponer de un puesto de «*referente en movilidad*». Sensibiliza a los jóvenes y sus profesores de aprendizaje (FP) de los beneficios de la movilidad de larga duración. Es quien contacta con los OFA extranjeros, para establecer asociaciones. Valores, objetivos, métodos pedagógicos y modalidad de evaluación de los resultados de la movilidad son de esta manera definidos mediante acuerdo. El referente debe también preparar la acogida de los jóvenes que vienen de otros países y acordar con las empresas su integración en los equipos de trabajo. La creación de este puesto y los gastos relacionados requieren una financiación inicial;
2. «Desarrollar la movilidad de largo plazo de los Aprendices (estudiantes de FP)» a nivel de Regiones:
   A nivel regional, la activación del sistema puede ser facilitada por la instalación de un «*desarrollador de la movilidad de largo plazo de Aprendices (estudiantes de FP)*». Atendiendo a las OFA, las empresas y las colectividades territoriales, en relación con las Agencias Erasmus+ nacionales, su misión será informar, impulsar proyectos, apoyar, coordinar y asesorar a los voluntarios. Incidentalmente, su misión podrá promover útilmente todas las movilidades con vocación profesional, con independencia de su duración. Las fuentes de financiación de esta misión pueden provenir del presupuesto de la UE por decisión de los Estados miembros gestores de los fondos estructurales, especialmente el FSE+.
3. Reconocimiento sistemático de los logros de la movilidad:
   El reconocimiento de los logros de la movilidad debe transcender las reglas y procedimientos nacionales. Por lo tanto, conviene prever un sistema de transferencia de acumulación y capitalización de los logros de la movilidad. El modelo ECTS (Sistema Europeo de Transferencia de Créditos) es un ejemplo del procedimiento apropiado. Es necesario tener en cuenta el tiempo y los contenidos formativos realizados en movilidad, formando parte integrante del itinerario del joven en las condiciones de obtención de su diploma.

4. Implication des entreprises :
   L'entreprise formatrice est au centre du dispositif de conception des parcours de mobilité européenne des apprentis. Elle discerne et anticipe les besoins de compétences. Leur implication constitue l'un des leviers essentiels du développement de la mobilité européenne à grande échelle. La réussite de cet investissement d'avenir suppose la désignation dans l'entreprise, en interaction avec le référent mobilité de l'OFA, la désignation d'un tuteur mobilité. Celui-ci est également responsable des conditions d'accueil des jeunes venant de l'étranger. Ce système *« d'échange d'apprentis »* est le gage de la réciprocité.
5. Statut unifié de l'apprenti en mobilité :
   La création d'un statut unifié du jeune pendant sa période de mobilité européenne faciliterait la résolution des problèmes juridiques et financiers actuels. Selon les pays, le contrat d'apprentissage prend de formes différentes (salarié, stage rémunéré ou non, avec ou sans protection sociale). Une harmonisation des règles juridiques définissant le contrat d'apprenti en mobilité effacerait les réticences émises par les familles, les jeunes et les entreprises. Ces difficultés sont toutefois surmontées lorsque les parties concernées manifestent une ferme volonté d'aboutir. La situation présente appelle convergence et simplification des législations nationales le plus rapidement possible. La Commission est compétente pour soumettre une proposition de Recommandation au Conseil en ce sens. Elle rejoindrait des résolutions déjà adoptées par le Parlement européen à cette fin.

Pour expérimenter le dispositif, nous avons lancé auprès des membres d'EAM un appel à candidature d'OFA volontaires, parmi ceux qu'ils administrent. 43 ont répondu positivement. Nous les avons rassemblés dans un consortium *« Mon Apprentissage en Europe »* (MONA) en vue de répondre à un appel à manifestation d'intérêt lancé par le gouvernement français, Plan France 2030, programme *« compétences et métiers d'avenir »*. Lauréats, nous avons obtenu

4. Implicación de las empresas:
La empresa formadora está en el centro del sistema de diseño de los itinerarios de movilidad europea para aprendices (estudiantes de FP). Diferencia y anticipa las necesidades competenciales. Su implicación constituye una de las palancas esenciales del desarrollo de la movilidad europea a gran escala. El éxito de esta inversión de futuro precisa la designación en la empresa, en interacción con el referente de movilidad de la OFA, de un tutor de movilidad. Este también resulta responsable de las condiciones de acogida de los jóvenes procedentes del extranjero. Este sistema «*de intercambio de aprendices (estudiantes de FP)*» es una garantía de reciprocidad.
5. Estatuto unificado del aprendiz (estudiantes de FP) en movilidad:
La creación de un estatuto unificado para los jóvenes durante su período de movilidad europea facilitaría la resolución de los problemas legales y financieros actuales. Según los países, el contrato de aprendizaje (prácticas de FP) adopta diferentes formas (por cuenta ajena, prácticas remuneradas o no, con o sin protección social). Una armonización de las normas jurídicas que definen el contrato de aprendiz (estudiante de FP) en movilidad eliminaría las reticencias expresadas por las familias, los jóvenes y las empresas. Estas dificultades se superan siempre que las partes implicadas manifiesten una firme voluntad de lograrlo. La situación actual reclama una convergencia y simplificación de las legislaciones nacionales lo más rápidamente posible. La Comisión es competente para presentar una proposición de Recomendación al Consejo a tal efecto. Se uniría a las resoluciones ya adoptadas por el Parlamento Europeo con este fin.

Para probar este sistema, lanzamos entre los miembros de EAM una convocatoria de solicitudes de voluntarios OFA, entre los que ellos administran. 43 respondieron positivamente. Les reunimos en un consorcio «*Mi Aprendizaje en Europa*» (MONA) para responder a una convocatoria de manifestaciones de interés realizada por el gobierno francés, Plan Francia 2030, programa «*competencias y profesiones del futuro*». Como ganadores, obtuvimos financiación

un financement sur 4 années couvrant 70% des budgets. Pourront s'y ajouter des crédits du programme européen FSE+ piloté par le ministère du Travail. Chef de projet, EAM assure la professionnalisation des référents mobilité et coordonne six groupes de travail :

- Cadre réglementaire et juridique ;
- Evaluation, validation et reconnaissance des acquis de la mobilité ;
- Digitalisation (outils digitaux mis à disposition des acteurs) ;
- Implication des employeurs (entreprises, administrations publiques) ;
- Mise en place d'enseignements en langue étrangère ;
- Partenariats aves les établissements de formation étrangers.

Notre engagement collectif est de démontrer la faisabilité de l'ouverture internationale des parcours de formation professionnelle et de prototyper son cadre opérationnel. Pour réels que sont les freins à la mobilité, nous estimons qu'en mobilisant des OFA volontaires, nous trouverons avec eux des solutions. Leur pragmatisme et leur détermination sont les clés de la réussite attendue. Les enseignements de l'expérimentation seront portés à l'attention des pouvoirs publics pour déclencher les amendements législatifs et réglementaires nécessaires à la généralisation de la mobilité longue.

Parallèlement, nous avons construit une plateforme numérique pour mettre en relation les acteurs de la formation professionnelle (Etablissements d'enseignement, employeurs et jeunes des différents pays). Elle est actuellement en phase de test. Dès que l'amorce d'un réseau européen aura pris corps, nous procéderons à son lancement officiel.

Les chefs d'Etat et de gouvernement soutiennent la formation professionnelle et la mobilité. Deux récentes déclarations en témoignent.

D'abord, celle d'Osnabrück, le 30 novembre 2020, sous présidence allemande, relative à *« la formation professionnelle (EFP) en tant que moteur de la reprise et de transitions justes vers des économies numériques et vertes. »* Elle souligne notamment que

> *« L'EFP connaît un nouvel élan grâce à la stratégie européenne en matière de compétences récemment mise à jour et à la proposition de la Commission relative à une recommanda-*

por 4 años cubriendo el 70 % de los presupuestos. A esto se le podrán sumar créditos del programa europeo FSE+ gestionado por el Ministerio de Trabajo. En tanto responsable del proyecto, EAM vela por la profesionalización de los representantes de la movilidad y coordina seis grupos de trabajo:

- Marco regulatorio y legal;
- Evaluación, validación y reconocimiento de competencias de movilidad;
- Digitalización (herramientas digitales puestas a disposición de las partes interesadas);
- Implicación de los empresarios (empresas, administraciones públicas);
- Implementación de la enseñanza en una lengua extranjera;
- Asociaciones con establecimientos de formación extranjeros.

Nuestro compromiso colectivo es demostrar la viabilidad de la apertura internacional de los itinerarios de Formación Profesional y de diseñar su marco operativo. Por reales que sean los frenos a la movilidad, estimamos que movilizando a los voluntarios OFA, encontraremos soluciones con ellos. Su pragmatismo y su determinación son las claves del éxito esperado. Las enseñanzas del experimento serán presentadas a las autoridades públicas para promover las modificaciones legislativas y reglamentarias necesarias para la generalización de una movilidad larga.

Al mismo tiempo, diseñamos una plataforma digital para conectar a los actores de la Formación Profesional (centros de enseñanza, empleadores y jóvenes de diferentes países). Actualmente está en fase de prueba. Tan pronto como tome forma el principio de una red europea, procederemos a su lanzamiento oficial.

Los jefes de Estado y de gobierno apoyan la formación profesional y la movilidad. Dos recientes declaraciones lo prueban.

En principio, la de Osnabrück, el 30 de noviembre de 2020, bajo la presidencia alemana, relativa a «*la formación profesional (FP) como motor de la recuperación y la transición justa hacia economías digitales y verdes*». Subraya en particular que

> *La FP está cobrando un nuevo impulso gracias a la estrategia europea de capacidades recientemente actualizada y a la propuesta de la Comisión relativa a una recomendación del*

tion du Conseil en matière d'EFP, donnant plus de poids au droit des personnes à une éducation, à une formation et à un apprentissage tout au long de la vie inclusifs et de qualité, tel qu'énoncé dans le premier principe du socle européen des droits sociaux. La déclaration de Copenhague des 29 et 30 novembre 2002 a lancé la stratégie européenne pour une coopération renforcée dans le domaine de l'EFP, communément appelée le « processus de Copenhague ».

Engagement confirmé lors du Sommet à Porto les 7 et 8 mai 2021,

« Nous donnerons la priorité aux mesures destinées à soutenir les jeunes, qui ont été très durement touchés par la crise de la COVID-19, laquelle a profondément perturbé leur participation au marché du travail ainsi que leurs projets d'éducation et de formation. Les jeunes représentent une source indispensable de dynamisme, de talent et de créativité pour l'Europe. Nous devons faire en sorte qu'ils deviennent le vecteur de la relance verte et numérique inclusive afin qu'ils contribuent à édifier l'Europe de demain, notamment en tirant pleinement parti des possibilités qu'offre Erasmus+ pour favoriser la mobilité à travers l'Europe pour tous les étudiants et apprentis. »

Plus récemment, la présidence française de l'UE a donné une impulsion par la voix d'Emmanuel Macron « *Les jeunes de moins de vingt-cinq ans, doivent avoir passé six mois à l'étranger* ». Réitérant le souhait qu'il avait exprimé dans son discours de *La Sorbonne* de septembre 2017.

Lors de l'évènement organisé le 30 novembre 2022 au Parlement européen, à Bruxelles, les députées Ilana Cicurel et Laurence Farreng, fondatrices du groupe « *Alliance for VET* » ont publié un appel en faveur de la mobilité des apprenants professionnels en Europe. A cette occasion, le commissaire Nicolas Schmit et sa collègue Mariya Gabriel ont réaffirmé leur soutien.

En déclarant « *2023, Année européenne des compétences* », la Commission Européenne focalise sur l'essentiel. L'objectif est unanimement partagé, mieux former, mieux préparer les citoyens à une vie professionnelle épanouissante, mieux répondre aux attentes de la société, mieux préparer les transitions numériques et écologiques. Investir dans la formation professionnelle est une priorité vitale, qu'il s'agisse de la formation initiale ou de l'apprentis-

> *Consejo en materia de* FP, *dando más peso al derecho de las personas a una educación, a una formación y a un aprendizaje permanente inclusivos y de calidad, tal como enuncia el primer principio del Pilar Europeo de Derechos Sociales. La declaración de Copenhague de 29 y 30 de noviembre de 2002 impulsó la estrategia europea para una cooperación reforzada en el campo de la* FP, *conocida como el «proceso de Copenhague.*

Conforme al compromiso confirmado en la Cumbre de Oporto el 7 y 8 de mayo de 2021,

> *Daremos prioridad a las medidas destinadas a apoyar a los jóvenes, duramente afectados por la crisis de la* COVID-19, *que ha perturbado profundamente su participación en el mercado de trabajo, así como sus proyectos de educación y formación. Los jóvenes representan una fuente indispensable de dinamismo, de talento y de creatividad para Europa. Debemos trabajar para que ellos se conviertan en el centro de la recuperación verde y digital inclusiva para que contribuyan a construir la Europa del mañana, en especial aprovechando plenamente las posibilidades que ofrece Erasmus+ para favorecer la movilidad en toda Europa para todos los estudiantes y aprendices.*

Más recientemente, la presidencia francesa de la UE dio un impulso a través de la voz de Emmanuel Macron: «*los jóvenes de menos de veinticinco años deben haber pasado 6 meses en el extranjero*». Reiterando el deseo que había expresado en su discurso de La Sorbona de septiembre de 2017.

Durante el evento organizado el 30 de noviembre de 2022 en el Parlamento Europeo, en Bruselas, los diputados Ilana Circurel y Laurence Farreng, fundadores del grupo *Alliance for VET* publicaron un llamamiento a favor de la movilidad de los estudiantes de formación profesional en Europa. En esta ocasión, el comisario Nicolas Schimit y su colega Mariya Gabriel reafirmaron su apoyo.

Declarando «*2023, Año europeo de las Competencias*», la Comisión Europea se centra en lo esencial. El objetivo es unánimemente compartido, mejor formación, mejor preparación de los ciudadanos para una vida profesional plena, mejor respuesta a las expectativas de la sociedad y mejor preparación para las transiciones digital y ecológica. Invertir en formación profesional es

sage tout au long de la vie. Au-delà du marché intérieur, de la politique commerciale avec les pays tiers ou de la monnaie unique, l'Union appelle au partage des connaissances et des bonnes pratiques, à la convergence des modes pédagogiques et de la reconnaissance mutuelle et systématique des compétences.

Si le processus de Bologne a ouvert la voie à l'*Espace européen de l'Enseignement supérieur*, aidé en cela par le programme *Erasmus+* dont nous venons de célébrer le trente-cinquième anniversaire, le processus lancé en 2002 à Copenhague en vue de créer un Espace de Formation Professionnelle s'est heurté à des freins de tous ordres. Un vent nouveau se lève en faveur de l'ouverture internationale des parcours d'enseignement. La Déclaration d'Osnabrück le souligne. Ici et là, les employeurs s'impliquent et plébiscitent l'apprentissage ouvrant un partenariat confiant avec le corps enseignant. La mobilité longue, véritable immersion de plusieurs mois dans un autre pays, développe les *softskills* et valorise le potentiel des jeunes, leur employabilité, leur agilité et leur aisance dans le monde en devenir. *L'Année des compétences* doit relancer la marche vers *l'Espace européen de la formation professionnelle et de l'apprentissage. Erasmus+*, c'est aussi pour les apprentis !

La mobilité conditionne l'avènement de l'Espace européen de la formation professionnelle et de l'apprentissage. Pour être fluide, la mobilité appelle la réciprocité. Le projet MONA est au défi de trouver des partenaires dans les différents pays et régions de l'UE. D'ores et déjà, dans la France jacobine, en application de la loi 3DS (Différenciation, Décentralisation, Déconcentration et Simplification), un projet de loi ratifiant une ordonnance de décembre 2022 fixe un cadre légal à l'apprentissage transfrontalier au sein du code du travail. Le texte ouvre la possibilité, pour les apprentis qui le souhaitent, d'effectuer une partie de leur formation pratique ou théorique dans un pays frontalier sous condition d'un accord bilatéral avec celui-ci. Afin de simplifier cette opportunité, la gestion de l'ensemble des contrats d'apprentissage sera confiée à un opérateur de compétences (opca) unique.

La progressive mise en place de centres d'excellence professionnelle (Centres of Vocational Excellence / CoVE) du programme Erasmus+, dans des domaines économiques extrêmement variés montre la vitalité de l'appropriation

una prioridad vital, se trate de la formación inicial o del aprendizaje permanente. Más allá del mercado interior, de la política comercial con terceros países o de la moneda única, la Unión demanda el intercambio de conocimientos y buenas prácticas, la convergencia de los modelos pedagógicos y el reconocimiento mutuo y sistemático de las competencias.

Si el proceso de Bolonia abrió la vía al *Espacio Europeo de Educación Superior*, con la ayuda del programa Erasmus+ del que acabamos de celebrar su trigésimo quinto aniversario, el proceso iniciado en 2002 en Copenhague para crear un Espacio de Formación Profesional ha sufrido obstáculos de todo tipo. Se levantan nuevos vientos a favor de la apertura internacional de los itinerarios educativos. La Declaración de Osnabrück lo subraya. Aquí y allá, los empleadores se implican y apoyan el aprendizaje conformando una colaboración con el personal docente. La movilidad de larga duración, verdadera inmersión de varios meses en otro país, desarrolla las *softskills* y revaloriza el potencial de los jóvenes, su empleabilidad, su agilidad y su posición en el futuro. *El año de las competencias* debe relanzar el camino hacia el *Espacio europeo de la Formación Profesional y el aprendizaje. ¡Erasmus+* también es para los estudiantes de FP!

La movilidad condiciona el logro del Espacio europeo de Formación Profesional y del aprendizaje. Para ser fluida, la movilidad demanda la reciprocidad. El proyecto MONA tiene el desafío de encontrar socios en diferentes países y regiones de la UE. Ya en la Francia jacobina, en aplicación de la ley 3DS (Diferenciación, Descentralización, Desconcentración y Simplificación), un proyecto de ley que ratifica una ordenanza de diciembre de 2022 fija un marco legal para el aprendizaje transfronterizo (FP transfronteriza) en el Código Laboral. El texto posibilita, para los aprendices (estudiantes de FP) que lo deseen, realizar una parte de su formación práctica o teórica en un país fronterizo sujeto a acuerdo bilateral con aquel. Para simplificar esta oportunidad, la gestión de todos los contratos de aprendizaje (prácticas de FP) se confían a un único operador de competencias (OPCA).

La progresiva creación de centros de excelencia profesional (Centres of Vocational Excellence / CoVE) del programa Erasmus+, en campos económicos muy variados, muestra la vitalidad de la apropiación (atribución) de políticas

des politiques publiques régionales, nationales et européennes au service d'écosystèmes d'innovations et de développement des compétences.

Dans les triangles de connaissances spécifiques : formation / recherche / entreprises, chaque apprenti, de quelque niveau que ce soit, (3 à 8 – cadre européen de certification), y a sa place, des perspectives de formations tout au long de la vie et de validation des acquis de l'expérience. L'EAM sera un vecteur de fertilisation croisée.

Nous trouverons bientôt l'écho que nous attendons. Nous avons la conviction que nos analyses et propositions sont largement partagées en Europe. En conséquence, nous sommes impatients d'entrer en relation avec les acteurs européens de l'EFP pour nouer appariements, partenariats et jumelages. L'espoir d'assister bientôt à l'éclosion d'activateurs de mobilité entrant en communauté de vue et d'action aux côtés d'EAM.

públicas regionales, nacionales y europeas al servicio de ecosistemas de innovaciones y del desarrollo de competencias.

En el triángulo de conocimientos específicos: formación / investigación / empresas, cada aprendiz (estudiante de FP), cualquiera que sea su nivel, (3 a 8 –marco europeo de certificación–), tiene su lugar, perspectivas de formación permanente y validación de la experiencia adquirida. El EAM será un vector de fertilización cruzada.

Pronto encontraremos el eco que estamos esperando. Estamos convencidos de que nuestros análisis y propuestas son ampliamente compartidos en Europa. Como resultado, esperamos conectarnos con las partes interesadas europeas en FP para establecer coincidencias, asociaciones y hermanamientos. La esperanza de presenciar pronto el surgimiento de activadores de la movilidad que entren en una comunidad de visión y acción junto con EAM.

Del proceso de Bolonia a las universidades europeas: hacia la convergencia en educación superior

María Eugenia Hernández Peribáñez
Universidad de Valladolid[1]

1. El papel de la Universidad en el desarrollo de los valores europeos

La Europa medieval del siglo XIII fue testigo del nacimiento de las primeras universidades herederas de los *Studium Generale*, y antes, de las escuelas monásticas y catedralicias. Bolonia, París, Oxford, Cambridge o Salamanca, todas ellas representan la unidad del conocimiento. En su significado etimológico, *universidad* proviene del latín *universitas* que significa «hacia la unidad». La definición que Alfonso X el Sabio hace de la Universidad en las Partidas es la de «ayuntamiento de maestros, e de Escolares, que es fecho en algún lugar, con voluntad y entendimiento de aprender los saberes».

Estas primeras universidades del medievo constituyen un ejemplo temprano de movilidad entre países europeos, tanto de maestros como de estudiantes. A ello contribuye el hecho de que el latín fuera lengua común para la docencia universitaria y que la validez de los títulos obtenidos en cualquiera de ellas fuese reconocida en toda la Europa cristiana. De esta forma, la enseñanza superior, encarnada en las distintas universidades que van surgiendo, opera a modo de correa transmisora de nuevas ideas, permitiendo el intercambio cultural e intelectual y contribuyendo a la formación de las elites. Esta institución educativa ha jugado y juega un papel relevante desde sus mismos orígenes

[1] Abogada y profesora asociada Departamento Derecho Constitucional de la Universidad de Valladolid. Vicepresidenta del Consejo Castellano y Leonés del Movimiento Europeo.

hasta la actualidad en la conformación de la identidad y valores europeos (Yyanga Pendi, A, 2000).

En el ámbito del derecho comunitario el propio Tratado de la Unión Europea (en adelante UE) en su artículo 2 señala el papel central que en la construcción europea desempeñan los principios liberales y democráticos de respeto a las libertades individuales y derechos fundamentales. No nos es dable olvidar nuestra herencia cultural común de raíz grecolatina, fuertemente influenciada por la religión cristiana y modelada finalmente por la posterior secularización de la sociedad europea en los siglos XVIII y XIX con las ideas de la ilustración cristalizadas en la Revolución francesa.

En este contexto, el vicepresidente de la Comisión para la Promoción del Modo de Vida Europeo, Margaritis Schinas, subraya la importancia de unas universidades europeas que, fomentando la creación de sociedades abiertas, democráticas y justas, así como el crecimiento sostenido, la iniciativa empresarial, la integración y el empleo, preserven la base del modo de vida europeo.[2]

La universidad como institución educativa situada en el nivel superior del camino de aprendizaje, como motor de transformación social, debería ser terreno fértil en el que plantar la semilla que contribuya a la consolidación de un verdadero *demos* europeo (Ehret, 2022). Objetivo de la máxima relevancia si se aspira a construir «más Europa» y se pretende completar el proceso de democratización de la UE que comenzó con el Tratado de Maastricht en 1992 (Filibi, 2014; Álvarez Rubio, 2019).

El reconocimiento de una ciudadanía europea en virtud del citado Tratado no ha sido suficiente para conseguir crear esa conciencia europea, ese espacio público, en el que se discuta, se reclame, se piense y sienta en clave europea, conformando en consecuencia esa opinión pública, libre e informada, necesaria para ejercer una autentica ciudadanía. La identificación con ciertos valores compartidos, una historia europea que hunde sus raíces profundas y bebe de fuentes comunes parece no haber sido suficiente para crear ese *demos*

---

2 Ver página web oficial de la Comisión europea, «Educación superior: preparar a las universidades de la UE para el futuro mediante una cooperación transnacional más profunda». Disponible en: https://ec.europa.eu/commission/presscorner/detail/es/IP_22_365

europeo. Y probablemente no lo ha sido porque es necesaria una superación de las identidades nacionales, para sin abandonarlas, crear una identidad transnacional europea, postnacional, como comunidad político-cívica y de destino (Pereira *et al.*, 2006). En estas lides, la movilidad de estudiantes, profesores e investigadores, la creación de universidades europeas que sean *alma mater* de ciudadanos europeos formados como profesionales, pero también como personas, desde una dimensión y conciencia europea son piezas clave para pavimentar el camino hacia la convergencia social, basamento imprescindible de una unión política construida de abajo arriba o *bottom-up,* como dirían los anglosajones.[3]

Por otra parte, y en un terreno más geoestratégico y económico, la UE no podrá mantener su peso e influencia en el nuevo concierto mundial si no fortalece su cohesión social y económica para actuar como una sola fuerza y voz (Bickerton *et al.*, 2015).

Tal como sostiene la Comisión Europea en su Comunicación sobre una Estrategia Europea para las Universidades, las más de 5000 instituciones de educación superior que existen en la UE:

> tienen un papel esencial que jugar en la recuperación de la Europa post pandemia y en la configuración de sociedades y economías sostenibles y resilientes. Unas universidades de excelencia e inclusivas son condición y fundamento de sociedades abiertas, democráticas y justas, así como para el crecimiento sostenido, el emprendimiento y el empleo.[4]

Vamos a analizar seguidamente los peldaños que han forjado y que están forjando la escalera hacia una educación superior armonizada con un horizonte en el que podemos vislumbrar egresados de distintas universidades europeas, con titulaciones multidisciplinares, conocimientos transversales y créditos obtenidos a través de una movilidad intercampus.

---

3 Ver Comunicación de la Comisión, de 14 de noviembre de 2017, titulada «Reforzar la identidad europea mediante la Educación y la Cultura» (COM (2017) 0673)

4 Ver Comunicación de la Comisión al Parlamento, Consejo, Comité Económico y Social y Comité de las Regiones sobre Estrategia Europea para las Universidades, COM (2022) 16 final, Estrasburgo, 18 enero de 2022.

2. De la declaración de intenciones a la implementación de un Espacio Europeo de Educación Superior

No por casualidad París y Bolonia fueron los escenarios elegidos para pergeñar el Espacio Europeo de Educación Superior (EEES en adelante). El peso de la historia inclinó seguramente la balanza a favor de que un 25 de mayo de 1998 los ministros de Educación de Francia, Alemania, Italia y Reino Unido firmaran la Declaración de la Sorbona[5] en esta institución fundada en 1257 por Robert de Sorbon, y que, solo un año después, en 1999 se firmara la Declaración de Bolonia,[6] en la que se ha considerado la más antigua de las universidades europeas, esta vez con intervención de los ministros de educación de 29 estados europeos.

En un ámbito en el que las competencias de la UE están limitadas a establecer marcos de cooperación y coordinación, la citada iniciativa, con la que se puso en marcha el denominado «Proceso de Bolonia», supuso un ambicioso proyecto que denotaba el consenso y la aspiración común de construir un espacio europeo en el que pudieran reconocerse mutuamente los títulos universitarios a través del mecanismo del «suplemento europeo al título», aumentando la empleabilidad de los ciudadanos europeos en cualquiera de los estados miembros.

Sin embargo, tal como analiza Javier María Valle (Valle, 2005), aunque Bolonia supone un hito fundamental en la construcción de ese espacio común para la educación terciaria, la importancia de diseñar mecanismos de reconocimiento mutuo de titulaciones a efectos de facilitar la libre circulación de trabajadores se plasma muchos años antes en la Resolución del Consejo, de 6 de junio de 1974, relativa al reconocimiento mutuo de títulos, certificados y otros diplomas.[7] Y años más tarde, en la Resolución del Consejo de Ministros de Educación reunidos en el seno del Consejo, de 9 de febrero de 1976, sobre un pro-

---

[5] Ver texto Declaración de La Sorbona en castellano en la página web de la Universidad Autónoma de Madrid dedicada al Espacio Europeo de Educación Superior. El enlace directo a la declaración es el siguiente: http://www.uam.es/europea/declaracionsorbona.doc

[6] El texto íntegro de la Declaración de Bolonia en castellano en página web de la Universidad Autónoma de Madrid dedicada al Espacio Europeo de Educación Superior. El enlace directo a la declaración es el siguiente: http://www.uam.es/europea/declaracionbolonia.pdf

[7] *Diario Oficial*, serie C, n.º 98, de 20 de agosto de 1974.

grama de acción en materia de educación.[8] En dicho programa y en la sección dedicada a la educación superior se anticipan ya muchas de las líneas y objetivos que décadas más tarde recogerá la Declaración de Bolonia. Señalar como ejemplo la constatación de la necesidad de establecer contactos entre las instituciones de Enseñanza Superior, la propuesta para potenciar la movilidad tanto de profesores e investigadores como de estudiantes y la necesidad de trabajar sobre el reconocimiento académico de títulos y de períodos de estudio. Fruto de esta propuesta nacerá en 1984, la Red de Centros Nacionales de Información para el Reconocimiento Académico, (NARIC, por sus siglas en inglés).

El proceso Bolonia plantea el desafío a los estados adherentes de acometer la reforma de la estructura misma de las enseñanzas superiores para homogeneizarlas estableciendo tres ciclos, el de grado como primer ciclo, el de máster como segundo ciclo y el tercero constituido por los estudios de doctorado, introduciendo, así mismo, un sistema de créditos ECTS (*European Credit Transfer System*) que facilitara la movilidad de los estudiantes. Bolonia representa una apuesta decidida por la promoción de la dimensión europea en la enseñanza superior y una cooperación eficaz en esta materia con miras a sentar las bases y preparar el camino hacia una universidad europea que encarne en sí misma, y, a la vez, sea fuente inagotable del conocimiento, pensamiento y valores comunes. Material imprescindible para cimentar bienestar y prosperidad compartida en la sociedad europea.

Ha transcurrido más de una década desde que en 2010 el proceso de Bolonia comenzó su andadura e implementación en los distintos estados miembros. En este tiempo se han ido uniendo al proyecto nuevos países hasta sumar un total de 48. Cifra indicativa de que Bolonia se ha convertido en un espacio de cooperación que trasciende el ámbito de la UE. Por otra parte, aunque con variaciones entre los distintos países, se han logrado en gran medida los objetivos básicos de homogeneización y compatibilidad de los estudios con la estructuración del sistema educativo superior en tres ciclos. Se ha implantado

[8] Resolución del Consejo y de los ministros de Educación, reunidos en el seno del Consejo, de 9 de febrero de 1976, sobre un programa de acción en materia de educación, *DO C 38 de 19.2.1976*.

mayoritariamente el sistema de reconocimiento de créditos ECTS y por consiguiente el reconocimiento del suplemento europeo al título. Se ha avanzado considerablemente en la movilidad de estudiantes y docentes, aunque como subrayaremos seguidamente este es uno de los objetivos que más lejos está de conseguirse en cuanto a los porcentajes que se ambicionan.

Así mismo, el alumnado ha pasado a ocupar un papel central otorgándosele el protagonismo en el proceso de aprendizaje a través de un sistema educativo que está siendo objeto de una profunda transformación para adaptarse a las nuevas tecnologías y a los retos que plantea el mundo actual. La autonomía concedida a las universidades para diseñar nuevos títulos y contenidos ha contribuido a aproximar los estudios a las demandas del mercado laboral. Como contrapartida a esa flexibilidad, Bolonia introduce el seguimiento y evaluación de la calidad de la enseñanza y la investigación junto a la transparencia y rendición de cuentas. Las Agencias de Evaluación son una pieza clave en el proceso lanzado para homogeneizar y hacer posible la convergencia de las universidades europeas, así como una mejor empleabilidad de los egresados.[9]

Sin embargo, el camino no ha estado, ni está, exento de retos y desafíos. Respecto a la modificación de la arquitectura del sistema educativo superior no todos los estados han adoptado el mismo patrón a la hora de dividir los ciclos. Algunos, como España han optado por grados de 4 años, postgrados de 1 año para el máster y 3 años para el doctorado, mientras que otra gran mayoría de estados se han decantado por el esquema de 3 años de grado más 2 años de máster. Algunos estudios como medicina o arquitectura no han sido modificados y por tanto no siguen la estructura de Bolonia en cuanto a la duración. El reconocimiento automático de titulaciones es todavía un proceso en curso. A este respecto el Consejo de la Unión adoptó una Recomendación con fecha 26 de noviembre de 2018 sobre promoción del reconocimiento mutuo automático de las cualificaciones de educación superior y de educación secundaria postobligatoria, y de los resultados de los períodos de aprendizaje en el ex-

9 Ver European Commission, «The European Higher Education Area in 2020 Bologna Process Implementation Report», Luxembourg: Publications Office of the European Union, 2020.

tranjero.[10] En dicha Recomendación se insta a los estados miembros para conseguir que, en el 2025, fecha que la Comisión sitúa como objetivo para la consecución de un Espacio Europeo de Educación, el reconocimiento mutuo automático de las cualificaciones obtenidas en un estado a efectos de seguir estudios en otro estado, así como el reconocimiento pleno de los periodos de formación y los resultados de aprendizaje en un estado por parte de todos los demás.

La movilidad formativa arroja aún tímidas cifras y es necesario trabajar en temas de inclusión y ayudas para no dejar a ningún estudiante atrás por motivos económicos. Las metodologías docentes están en constante proceso de transformación, y estos cambios conllevan la necesidad de una financiación para hacer frente a una excesiva burocratización, que no todos los países han implementado adecuadamente, dotando a las universidades de los recursos necesarios para afrontar el proceso de adaptación. La puesta en marcha del proceso de convergencia coincidió con la profunda crisis económica y precisamente cuando más financiación precisaban las universidades para la implementación de todos los cambios propuestos y acordados el presupuesto destinado a educación sufrió un dramático recorte.

El análisis de lo que el proceso de Bolonia ha supuesto hasta la fecha con sus luces y sombras quedaría incompleto si no hacemos, aunque sea someramente, alusión a la acogida que ha tenido dentro de la comunidad universitaria. En este sentido, las voces son dispares. La Conferencia de Rectores de Universidades Españolas (CRUE) en 2017 al cumplirse los diez años de la aprobación del Real Decreto 1393/2007, de 29 de octubre por el que se implementaba en nuestro país el proceso, valoraba positivamente tanto la adecuación de la oferta de titulaciones a la demanda del alumnado como la mayor conexión de los estudios ofertados con el mercado laboral, por la mayor sintonía entre lo que se enseña y lo que demandan las empresas y por la posibilidad de realizar prácticas en las mismas. Por otra parte, subrayaba la movilidad de estudiantes a través del programa Erasmus, pero incidía en las bajas tasas de

[10] Recomendación Consejo, 26 noviembre 2018, (2018/C 444/01).

internacionalización de las universidades españolas.[11] En la misma línea y con motivo del veinte aniversario de la Declaración de Bolonia la exdiputada del PSOE y profesora de la Universidad de Girona, Montserrat Palma, (Palma Muñoz, 2019, p. 306) afirmaba:

> veinte años después de la Declaración de Bolonia, hay que seguir insistiendo en la necesidad de superar obstáculos para la movilidad, para que sea absolutamente normal estudiar, aprender, formarse o trabajar en cualquier estado miembro que no sea el propio, así como en favorecer el reconocimiento de títulos que, a pesar de estar en el origen del proceso de Bolonia, sigue siendo una dificultad objetiva.

3. El programa erasmus

Hemos visto que la búsqueda de la movilidad internacional, tanto de estudiantes como de docentes, es una de las líneas maestras que sostienen el proceso de Bolonia. Y ha sido precisamente el programa Erasmus el instrumento fundamental en la materialización de esa movilidad de estudiantes, profesores e investigadores. Desplazamientos y estancias que han tenido sus «efectos colaterales». Unos efectos, en este caso, más que positivos en tanto que han ayudado a tejer interacciones culturales y relaciones personales de gran calado contribuyendo destacadamente a la construcción de una identidad europea. A este respecto, las cifras hablan por sí mismas. Un 27 % de estudiantes erasmus encontraron a la pareja con la que comparten su vida durante su estancia en otro país y se maneja una cifra de un millón de «bebés erasmus» nacidos desde que comenzó el programa en 1987. Tal como argumenta Fernández Rovira (2019) la movilidad de jóvenes europeos entre los estados miembros no solo aumenta su sentimiento de pertenencia europea, sino que también influye en el

[11] Ver publicación en Europapress, «Diez años del Plan Bolonia en España: Mejora rendimiento del alumno y oferta de títulos, pero no la internacionalización», 28 de octubre de 2017. Disponible en: https://www.europapress.es/sociedad/educacion-00468/noticia-diez-anos-plan-bolonia-espana-mejora-rendimiento-alumno-oferta-titulos-no-internacionalizacion-20171028115749.html

interés y confianza que muestran tras el periodo erasmus en la UE y sus instituciones.

En la misma línea apuntan los resultados recogidos en el Estudio del Impacto del Programa Erasmus+ en la educación superior llevado a cabo por la Comisión Europea en 2019, en el apartado de la influencia que la experiencia de movilidad ha tenido en los jóvenes estudiantes en cuanto a su sentimiento de pertenencia a la UE queda patente que la identidad europea aumenta considerablemente así como la percepción de compartir valores comunes como el respeto a los derechos humanos, la democracia, la libertad, la paz y el respeto por otras culturas. En cuanto a los efectos en la empleabilidad, el 72 % de los estudiantes encuestados reconocen la influencia positiva de la movilidad en sus carreras profesionales y la adquisición de conocimientos y habilidades sociales. Un 95 % reconoce haber adquirido una mentalidad más abierta hacia la interculturalidad.[12]

El programa comenzó hace más de tres décadas, mucho antes de que se concibiera un espacio común de educación superior.[13] España participó desde el principio junto a Bélgica, Dinamarca, Alemania, Grecia, Francia, Irlanda, Ita-

---

[12] Ver European Commission, Erasmus+ Higher Education Impact Study Final Report, Luxembourg: Publications Office of the European Union, 2019.

[13] Decisión 87/327/CEE del Consejo, de 15 de junio de 1987, por la que se adopta el programa de acción comunitario en materia de movilidad de los estudiantes ERASMUS. Diario Oficial, serie L, n.º 166, de 25 de junio de 1987. El artículo 2 recoge los objetivos del Programa con el siguiente tenor:
«i) conseguir un aumento importante del número de estudiantes de universidad, según la definición de «universidad» del apartado 2 del artículo 1, que cursen estudios integrados en otro Estado miembro, de forma que la Comunidad pueda disponer de personal con una experiencia directa de la vida económica y social de otros Estados miembros, sin dejar de garantizar la igualdad de oportunidades entre los estudiantes de uno y otro sexo que se beneficien de esta movilidad;
ii) promover una amplia e intensa cooperación entre las universidades de todos los Estados miembros;
iii) movilizar todo el potencial intelectual de las universidades de la Comunidad mediante una mayor movilidad del personal docente, que permita mejorar, de esta forma, la calidad de la enseñanza y de la formación dispensadas por las universidades para garantizar la competitividad de la Comunidad en el mercado mundial;
iv) reforzar las relaciones entre los ciudadanos de los diferentes Estados miembros para consolidar el concepto de una Europa de los Ciudadanos;
v) disponer de titulados que tengan una experiencia directa de cooperación intracomunitaria y crear, de esta forma, una base a partir de la cual pueda desarrollarse, a nivel comunitario, una cooperación intensa en materia económica y social».

lia, Países Bajos, Portugal y Reino Unido. Su denominación tiene la particularidad de ser al mismo tiempo acrónimo de *European Region Action Scheme for the Mobility of University Students* (ERASMUS) y el nombre en latín del famoso humanista Erasmo de Rotterdam que encarna a la perfección el espíritu del programa por haber sido su vida ejemplo de aprendizaje, a través de su paso por distintas universidades europeas, y su legado, preconizar una enseñanza basada en el intercambio de ideas a través de la conversación maestro-alumno.

Los impulsores del programa fueron los gobiernos francés y español, con Mitterrand y Felipe González a la cabeza contribuyendo a su materialización el arduo trabajo del español Manuel Marín como vicepresidente de la Comisión Delors. Sin embargo, no podemos obviar la mano femenina que plantó la primera semilla del Erasmus, Sofia Corradi, profesora italiana conocida como «mamá Erasmus». Ella fue quien, llevada por su experiencia personal tras estudiar un master en Estados Unidos y experimentar tanto la cara negativa, con los problemas de convalidación al volver a Italia como la cara positiva del enriquecimiento cultural, decidió trabajar en un plan presentado en 1969 a la Asamblea General de Rectores de las Comunidades Europeas. El objetivo trazado era promover y facilitar la cooperación entre las universidades de los Estados miembros.[14]

Actualmente participan en el programa Estados miembros del Espacio Económico Europeo, Suiza, Macedonia del Norte y Turquía. El programa recibió el Premio Príncipe de Asturias de Cooperación Internacional 2004 por ser uno de los programas de intercambio cultural más importantes de la historia de la humanidad.

Dado el éxito que el mismo cosechó, en 2003 se creó Erasmus Mundus para abrir las universidades europeas a estudiantes de terceros países contribuyendo a su internalización y al fomento de la excelencia universitaria.[15]

En 2014 el programa pasa a denominarse Erasmus+ con la intención de ser más abarcador e inclusivo. En la actualidad estamos bajo el programa Eras-

---

[14] Periódico *El Mundo*, «'Mamma Erasmus': «Fue mi campaña personal a favor de la paz»», 9 de mayo de 2016. Disponible en el siguiente enlace: https://www.elmundo.es/sociedad/2016/05/09/573044e2e5fdeae4128b457a.html

[15] Decisión 2317/CE del Parlamento y el Consejo de la Unión Europea el 5 de diciembre de 2003.

mus+ 2021-2027 que con un presupuesto de algo más de 28 000 millones de euros para toda Europa tiene los siguientes objetivos:

> la **movilidad educativa** de las personas y los colectivos, tanto del alumnado como del personal, así como la **cooperación**, la calidad, la inclusión y la equidad, la excelencia, la creatividad y la innovación a nivel de las organizaciones y las políticas a través del aprendizaje permanente, el desarrollo educativo, profesional y personal de las personas en los ámbitos de la educación y la formación, la juventud y el deporte, dentro de Europa y fuera de su territorio, contribuyendo así al crecimiento sostenible, al empleo de calidad y a la cohesión social, además de a impulsar la innovación y **fortalecer la identidad europea, la ciudadanía activa y la participación en la vida democrática**[16] (la negrita se reproduce fielmente del texto original).

4. Las universidades europeas

La voluntad de todas las partes implicadas, estados y universidades de seguir avanzando en una cooperación transnacional más profunda en materia de educación superior es firme y decidida. Bolonia y el programa Erasmus han puesto los cimientos del edificio, pero el reto es continuar levantando y construyendo ese espacio común para responder a las necesidades y demandas de los estudiantes universitarios europeos en unos tiempos de incertidumbre económica, social y política en los que la adaptación al cambio, la resiliencia, el trabajo coordinado y el aprendizaje cooperativo se configuran como factores clave para el éxito, tanto de los proyectos que emprendan las instituciones universitarias como de los alumnos en su paso por dichas instituciones.

Entre esos nuevos proyectos concebidos para profundizar en el avance hacia una educación superior con marcada dimensión europea tenemos que destacar y dedicar un espacio al proyecto de las universidades europeas. Financiadas dentro del programa Erasmus+ 2021-2027, las universidades euro-

[16] Visitar la web disponible en el siguiente enlace: http://www.erasmusplus.gob.es/#Objetivo

peas suponen una iniciativa que fue ya alentada por el Consejo Europeo reunido en Gotemburgo en 2017. Los líderes europeos de aquel entonces pidieron a los estados miembros, a la Comisión y al Consejo:

> reforzar en toda la UE las asociaciones estratégicas entre instituciones de enseñanza superior y promover la constitución, de aquí a 2024, de una veintena de «Universidades Europeas», que serían redes de universidades de toda la UE creadas desde abajo, lo cual permitirá a los estudiantes graduarse combinando periodos de estudio en varios países de la UE y contribuirá a la competitividad internacional de las universidades europeas.

La llamada ha sido exitosamente acogida y los resultados de la convocatoria de 2022 hablan por sí solos. Un presupuesto de 272 millones de euros para dar apoyo financiero a 16 universidades europeas que ya estaban en marcha. Otras 4 nuevas alianzas que junto a las 24 universidades que ya fueron seleccionadas en 2020 arroja una cifra de 44 universidades europeas en las que participan 340 centros de enseñanza superior ubicados en las capitales y regiones de 31 países.

Cada uno de los proyectos recibe un presupuesto de hasta 14,4 millones de euros del programa Erasmus+ para un período de cuatro años. Cada alianza está formada por al menos 9 instituciones de educación superior de distintos países de entre los integrantes del proceso Bolonia. Entre estas alianzas nos es dable hacer una especial mención a la European Campus of City-University, EC2U (El Campus Europeo de Ciudades Universitarias, EC2U) como alianza multicultural y multilingüe compuesta por siete universidades históricas, la Universidad de Poitiers (Francia), la Universidad de Coimbra (Portugal), la Universidad de Iasi (Rumanía), la Universidad de Turku (Finlandia), la Universidad de Pavía (Italia), la Universidad de Salamanca (España) y la Universidad de Jena (Alemania). La Alianza EC2U se fundamenta en tres pilares principales: la creación de un espacio europeo de educación superior inclusivo y diverso, el fortalecimiento de la cooperación en investigación e innovación, y el fomento de la movilidad y la integración de estudiantes y personal académico. Estos pilares se desarrollan a través de programas y proyectos conjuntos que incluyen la creación de cursos y programas de estudios compartidos, la implementación de proyectos de investigación colaborativa y la organización de eventos culturales y académicos que promuevan el entendimiento intercultural. Además, la Alianza EC2U trabaja para facilitar el reconocimiento mutuo de títulos y créditos académicos, simplificando los procesos administrativos y fomentando una mayor movilidad dentro del espacio europeo.

Se trata en definitiva de conformar campus interuniversitarios europeos y equipos europeos de creación de conocimiento que marquen la diferencia en excelencia docente e investigadora convirtiendo a Europa en un proveedor de educación superior altamente competitivo en el panorama internacional al tiempo que se contribuye a la construcción de una identidad europea más cohesionada y resiliente.

El objetivo plasmado en la Estrategia Europea para las Universidades es llegar a financiar 60 Universidades Europeas en las que participen más de 500 centros de enseñanza superior de aquí a mediados de 2024.

Respecto a la participación de las universidades españolas en la convocatoria de 2022, reseñar que, según nota de prensa de la CRUE,

> Las universidades españolas que se incorporan a las alianzas de universidades europeas ya existentes son Universidad IE, que se incorpora a la alianza CIVICA (The European University of Social Sciences); la Universidad Jaume I, que se incorpora a la alianza EDUC (European Digital UniverCity), y la Universidad de Alcalá, que se incorpora a la alianza EUGLOH 2.0 (European University Alliance for Global Health). Por otro lado, crean 4 alianzas nuevas, en las que participarán la Universidad de Mondragon, EU4DUAL (European Dual Studies University); la Universidad de Extremadura, EU GREEN (European University Alliance for sustainability: responsible GRowth, inclusive Education and ENvironment); la Universidad de Oviedo, INGENIUM (INGENIUM – European University), y la Universidad de Almería, UNIgreen (The Green European University).[17]

[17] Nota de prensa CRUE, «España eleva a 31 las universidades que participan en Universidades Europeas tras sumar siete en la última convocatoria», Madrid 27 de julio de 2022. Disponible en el siguiente enlace:
https://www.crue.org/2022/07/espana-aumenta-en-siete-universidades-su-presencia-en-la-iniciativa-de-universidades-europeas/

Nuevas alianzas están atrayendo el interés de otras universidades españolas como la de Sevilla que participa en la conocida como ULYSSEUS con el objetivo de crear un campus interuniversitario abierto a la innovación, la sostenibilidad y el compromiso social o la Universidad Carlos III de Madrid con su integración en YUFE alianza de jóvenes universidades europeas comprometidas con la creación de un modelo de educación superior paneuropeo. Promueve la movilidad, la inclusión y la excelencia académica y de investigación.

Por otra parte, la consecución de un Espacio Europeo de Educación para 2025 requiere, además de todas las iniciativas que hemos analizado, incorporar las herramientas que la transición digital, otro de los objetivos prioritarios de la UE para los años venideros, nos pueden proporcionar. En este sentido, la iniciativa del carné europeo de estudiante está pensada para facilitar la identificación de los estudiantes y el acceso a los servicios que proporciona las universidades durante su movilidad y sin tener que hacerse una tarjeta identificativa en cada institución que visiten. Otras dos soluciones digitales que facilitarán la movilidad son la App Erasmus+ que ayuda a los estudiantes con el papeleo y burocracia necesaria para el intercambio, antes y después del traslado y Erasmus sin papel que proporciona a las diferentes instituciones universitarias la posibilidad de gestionar los expedientes de los estudiantes en línea garantizando la comodidad, rapidez y eficiencia.[18]

5. La educación superior en la Unión Europea como derecho social: diferencias con el modelo estadounidense

El derecho a una educación inclusiva y de calidad, como valor compartido por los estados miembros, y reconocido a nivel comunitario como derecho fundamental, deviene en una suerte de elemento diferencial y a la vez aglutinador

[18] Ver web de la Comisión Europea, European Education Area, Quality education and training for all. Disponible en el siguiente enlace: https://education.ec.europa.eu/es/education-levels/higher-education/european-student-card-initiative

en torno a la idea de protección social y estado del bienestar como creación eminentemente europea (Bar Cendon, 2012).

Jacques Delors utilizó el término Modelo Social Europeo para describir el método empleado por los países de la Europa Occidental que con mayor o menor grado de intervencionismo en la economía han buscado dotar a sus ciudadanos de una protección y asistencia social corrigiendo las desviaciones del mercado. La realización y preservación de un modelo social europeo es una aspiración permanente de la Unión Europea que se cimenta sobre valores fundacionales como la dignidad humana, la justica y la igualdad. A este respecto el artículo 9 del TFUE dispone: «En la definición y ejecución de sus políticas y acciones, la Unión tendrá en cuenta las exigencias relacionadas con la promoción de un nivel de empleo elevado, con la garantía de una protección social adecuada, con la lucha contra la exclusión social y con un nivel elevado de educación, formación y protección de la salud humana».

La educación forma parte, por un lado, de las políticas sociales necesarias para asegurar el acceso y la calidad de la misma. Pero, por otro, la educación, considerada tradicionalmente como ascensor social, es al mismo tiempo agente de cambio en materia social. Es un factor clave en la mejora de la empleabilidad y el nivel socioeconómico de los ciudadanos. Nada contribuye de forma más efectiva a evitar la exclusión social que garantizar un acceso universal a la educación, proveer las ayudas necesarias y adoptar las medidas pertinentes para aumentar las tasas de ciudadanos que acceden a la educación superior. (Martínez-Celorrio, 2017).

Las universidades se configuran como faros que han de alumbrar el camino hacia la consolidación de Europa como la economía basada en el conocimiento más competitiva y dinámica del mundo. Una sociedad sostenible y cohesionada, equipada para hacer frente a enormes retos como el cambio climático, la transformación digital, las amenazas a la salud en forma de pandemias como las que hemos vivido y, a raíz de la guerra de Ucrania, las amenazas bélicas que han hecho replantearse la autonomía estratégica de la Unión en tecnología y material de defensa.

La profunda crisis económica que afectó a la UE condicionó los presupuestos nacionales y los fondos europeos destinados a políticas sociales, entre ellas la de educación. Pero en 2017, los líderes de la Unión reunidos en el Consejo de Gotemburgo situaron en primer plano la preocupación por recuperar las políticas de bienestar y protección social tan devaluadas por las medidas de recortes y austeridad impuestas por la *troika* (Comisión Europea, Banco Central Europeo y Fondo Monetario Internacional). Fruto de los trabajos y debates sobre una agenda social para Europa, las tres instituciones europeas –Comisión, Consejo y Parlamento–, así como los veintiocho países miembros, proclamaron el Pilar Europeo de Derechos Sociales. Una Declaración con 20 principios y derechos repartidos en diversos capítulos y que recoge expresamente que «todo el mundo tiene derecho a una educación de calidad».[19]

La dimensión social dentro de las distintas políticas, programas y acciones emprendidas en materia de educación superior en el proceso de cooperación intergubernamental auspiciado y apoyado por las Instituciones comunitarias, se refleja tanto en el marco de del EEES, a través de las Comunicaciones emitidas por los Consejos bianuales en los que participan los Ministros de educación de los estados miembros, como en el programa Erasmus+ que para el periodo 2021-27 hace especial hincapié en la inclusión o en Comunicaciones de la Comisión como la de una Agenda Renovada de la UE para la Educación Superior[20] o Resoluciones del Parlamento Europeo como la de 19 de abril de 2018[21] sobre la aplicación del Proceso de Bolonia en la que se pide a los estados miembros del EEES que fomenten una movilidad más inclusiva para que nadie se quede atrás por provenir de un entorno desfavorecido económica o socialmente, como los migrantes o las minorías étnicas. Así mismo, solicita de los estados participantes en el espacio europeo de educación superior que apliquen de forma eficaz la estrategia relativa a la dimensión social para proporcionar oportunidades a los estudiantes con discapacidades y procedentes de entornos desfavorecidos para

19 Ver página web de la Comisión «Plan de Acción del Pilar de Derechos Sociales», Disponible en el siguiente enlace: https://op.europa.eu/webpub/empl/european-pillar-of-social-rights/es/index.html

20 Comunicación de la Comisión al Parlamento Europeo al Consejo al Comité de Derechos Sociales y Económicos y al Comité de las Regiones sobre una Agenda renovada de la UE para la educación superior, COM/2017/0247 final.

21 Resolución del Parlamento Europeo, de 19 de abril de 2018, sobre la aplicación del Proceso de Bolonia: estado actual y seguimiento (2018/2571(RSP).

que accedan y culminen sus estudios superiores. Con el proyecto *Eurostudent* cofinanciado por la Comisión se recaban datos sobre la dimensión social de la educación superior a través de la realización de encuestas periódicas a estudiantes y autoevaluaciones de los estados participantes en el EEES.

Todo el conjunto de acciones y medidas reseñadas anteriormente ejemplifican la preocupación de la UE, renovada en Gotemburgo en 2017, por preservar una de las características identitarias de nuestra Unión, el modelo social europeo. En dicha empresa, nos unimos como europeos y nos diferenciamos de otros modelos económicos y sociales del mundo occidental como el estadounidense.

El modelo de enseñanza superior norteamericano es reflejo de su sistema económico y sociopolítico por lo que sus universidades no son de fácil acceso para las clases sociales desfavorecidas. Las universidades privadas tienen matrículas anuales de hasta 55 000 dólares y las públicas unos 10 700 dólares anuales. Los estudiantes tienen que recurrir a préstamos que en ocasiones continúan pagando pasada la cuarentena. En cuanto a las minorías étnicas, precisamente, la prestigiosa y elitista universidad privada de Harvard fue objeto de una demanda por parte de los asiático-americanos alegando verse discriminados en los competitivos procesos de admisión, aunque, curiosamente, por criterios de discriminación positiva que la universidad implementa para equilibrar los porcentajes de representación de las diferentes minorías.

Aunque la justicia falló a favor de Harvard el proceso abierto sacó a la luz datos como un epígrafe llamado ALDC dentro de sus criterios de admisión. Siglas que se corresponden con:

> atletas (A); los 'legados' (L), hijos de graduados en la Universidad; los candidatos recomendados por decanos o directores (D), que suelen incluir a los hijos de los donantes más adinerados; y los hijos (C) de profesores y empleados. Solo un 5 % de los alumnos que piden admisión en Harvard están en este grupo, pero representan el 30 % de los estudiantes finalmente admitidos.[22]

[22] Ver nota de prensa, *La Información*, 11 de noviembre de 2018. Enlace disponible en: https://www.lainformacion.com/management/los-cuatro-atajos-para-ingresar-en-harvard-sin-ser-el-mejor-estudiante/6436759/

Si bien es cierto que en términos de inclusividad y equidad el sistema universitario norteamericano va a la zaga de los de los distintos países europeos y del EEES, no podemos afirmar lo mismo con respecto al prestigio de las instituciones universitarias. Los *rankings* que califican universidades, como por ejemplo el Shanghai Jiao Tong University, y el UK Times Higher Education Supplement, posiciona en lo más alto de sus respectivas tablas a 52 universidades estadounidenses. Pero no es menos cierto que a pesar de la influencia que estas clasificaciones tienen en las decisiones de muchos futuros alumnos, los criterios utilizados para elaborar los citados rankings son bastante cuestionados por favorecer la producción en investigación por encima de cualquier otro y por preponderar la producción investigadora publicada en inglés. Como afirma (Ordorica Sacristán, 2006), se ha idealizado el modelo norteamericano altamente estratificado y competitivo en el que se aglutinan y combinan elevados recursos académicos y materiales junto al estatus social en las universidades lideres.

La UE, como hemos visto, ha trazado distintas metas en materia de educación superior y entre ellas se encuentra el conseguir la excelencia de los campus europeos y la competitividad para atraer a los estudiantes internacionales. El riesgo de este ambicioso objetivo podría ser el dejarse por el camino el espíritu de la universidad humanista, que está en el germen de la universidad europea, convirtiéndola en un producto meramente mercantilista que intente colmar las aspiraciones y demandas del mercado, empresarial, tecnológico, e incluso el propio mercado de la educación en la competencia por atraer estudiantes-consumidores internacionales. Como afirma De Faramiñán Gilbert (2010) «Todos, sin duda, pretendemos una Universidad de calidad, pero no determinada por el mercado sino por la «calidad» de sus componentes».

6. Conclusiones

La universidad es una inveterada institución en nuestras sociedades de una esencialidad fuera de toda duda. Desde las primeras *universitas* del medievo, la historia cultural de Europa quedó indisolublemente unida a la creación intelectual, la investigación y la transmisión de saberes de los que eran depositarias instituciones como Bolonia, la Sorbona, Salamanca o Cambridge. En estos centros, maestros y alumnos se juntaban y asociaban gozando de autonomía y privilegios. Como hemos visto se movían de un lugar a otro enriqueciendo y enriqueciéndose con ese intercambio.

En el proyecto de ese Espacio Europeo de Educación Superior se recoge la esencia misma de la universidad tal como acabamos de describirla en sus orígenes. El mérito y audacia reside en haber conseguido crear los mimbres para la convergencia hacia un espacio único y común para todos los estados miembros de la Unión Europea además de los otros países unidos al proyecto. No podemos ignorar que la educación es una materia que pertenece a la competencia de los estados miembros y por tanto la UE no puede utilizar la legislación armonizadora como en otras políticas comunitarias. A pesar de ello, la acción coordinadora y de impulso que llevan a cabo instituciones como la Comisión o Parlamento Europeo han rendido sus frutos.

La voluntad de los estados miembros del proyecto Bolonia de crear un espacio educativo con las condiciones adecuadas para conseguir la movilidad de estudiantes y a la postre de profesionales cualificados ha sido firme e inquebrantable durante las dos últimas décadas. Los progresos se han ido sucediendo sin retrocesos, aunque como hemos visto marcados por las dificultades presupuestarias que planteó la gran recesión económica.

El EEES supone a día de la fecha un ámbito educativo con un alto grado de homogeneidad entre todos los países miembros en cuanto a la estructura de los estudios, la carga académica a través del sistema de créditos y los sistemas de evaluación de la calidad y transparencia de la educación y el reconocimiento recíproco de titulaciones a través del mecanismo del suplemento europeo al título. Esta convergencia no ha hecho sino coadyuvar a reforzar y consolidar el éxito del programa estrella de la Comisión Europea, el Erasmus, hoy y desde 2014, denominado Erasmus+ por su condición abarcadora en cuanto a materias y personas. Precisamente la dimensión social de la educación es una de las características de ese espacio común europeo de educación superior. No dejar a nadie atrás es un compromiso, tanto de los estados miembros en sus reuniones de ministros de educación bianuales para el seguimiento del proceso de Bolonia como de la Comisión en su programa Erasmus+, como del Parlamento Europeo. Un compromiso que se inserta en la esencia misma del modelo social europeo con el que los líderes de la Unión se comprometieron en el Consejo de Gotemburgo de 2017, a través de la adopción del Pilar Europeo de Derechos Sociales.

La cooperación transnacional en materia de educación tiene una nueva meta que paso a paso va tomando forma. Las alianzas de instituciones universitarias europeas para conformar titulaciones conjuntas, investigación, conocimientos y una red de movilidad de estudiantes y profesores entre los distintos campus. Una universidad europea está llamada a surgir de este proyecto financiado dentro del programa Erasmus+. La excelencia de estas universidades descansará en la unión de talento, medios, conocimiento y la riqueza cultural de la diversidad de sus integrantes, profesores, alumnos y personal.

Europa busca competir al más alto nivel de excelencia con las mejores universidades internacionales que, como hemos visto, en la actualidad se encuentran en Norteamérica, para convertirse en un espacio de innovación, investigación y transferencia de conocimiento. Todos los actores, estados miembros e instituciones comunitarias, comparten una visión sobre la necesidad de afrontar de forma coordinada y conjunta las incertidumbres y retos de un mundo cambiante, que demanda hoy como hace ochos siglos la contribución inestimable e imprescindible de la universidad. De una universidad europea caracterizada por la excelencia docente e investigadora, diversa e inclusiva que sea la cuna de futuras generaciones de ciudadanos europeos transmisores y custodios de esa identidad europea que la Sorbona y la universidad de Bolonia del siglo XIII contribuyeron a configurar.

Bibliografía

Álvarez Rubio, J. J., (2019). Reformas Institucionales para mejorar la gobernanza democrática de la Unión Europea, *Cuadernos Europeos de Deusto*, n.º 60.

Bar Cendon, A., (2012). La política social de la Unión Europea, *Revista Jurídica de los Derechos Sociales, Lex Social*, n.º 2, julio-diciembre de 2012.

Bickerton, C. J., Hodson, D., y Puetter, U. (2015). *The New Intergovernmentalism: States and Supranational Actors in the Post-Maastricht Era*, Oxford University Press.

Ehret, P. (2022). El homo europeus. ¿Imposible sujeto cultural de una democracia europea?, *Doxa. Cuadernos de Filosofía del Derecho*, n.º 45.

FARAMIÑÁN, de, J. M. (2010). «Against» Bolonia. *Revista de estudios jurídicos*, págs. 307-318.

FERNÁNDEZ-ROVIRA, C., (2019). El viaje en la esfera pública europea. El caso del Programa Erasmus. *Universitas, Revista de Ciencias Sociales y Humanas*, 30, 79-95.

FILIBI, I., (2014). La Unión Europea veinte años después de Maastricht: Hitos y Retos, *Cuadernos Europeos de Deusto*, n.º 50, pp. 19-50.

IYANGA PENDI, A., (2000). *Historia de la Universidad en Europa*, Ediciones Universidad de Valencia, 2000.

MARTÍNEZ-CELORRIO, X., (2017). Crisis y movilidad social: cómo reactivar el ascensor Social, en Zalacain J., Barraguer, B., *Repensar las políticas sociales: predistribución e inversión social*, Edit. Madrid Grupo 5.

ORDORICA, I. (2006). Educación superior y globalización: las universidades públicas frente a una nueva hegemonía, *Andamios*, vol. 3 n.º 5 Ciudad de México, dic. 2006.

PALMA, M. (2019). *Bolonia, 20 años después: el Espacio Europeo de Educación Superior en España: análisis de los debates parlamentarios*, Ministerio de Educación y Formación Profesional de España, Madrid.

PEREYRA, M. A, LUZÓN, A., SEVILLA, D., (2006). Las Universidades Españolas y el proceso de construcción del Espacio Europeo de Educación Superior. Limitaciones y perspectivas de cambio, *Revista Española de Educación Comparada*, 12, pp. 113-143.

VALLE, M., (2005), «El «Proceso de Bolonia», ¿Punto de partida o línea de llegada?», *Quaderns Digitals*.

Vías complementarias a la integración social y económica: la necesidad de una educación europea

JOSÉ ALBA ALONSO
Universidad de Oviedo

«Since the 1970s the concepts of a 'Citizen's Europe' and a 'People's Europe' have gradually, if sometimes falteringly, emerged as a key to the whole vision of European Union. Central to these concepts is the belief in the need for a Europe close to its well-informed citizens, the latter acting as prime movers for change, actively demanding their rights and advancing the vision»

Shore & Black, 1994

1. INTRODUCCIÓN

El proceso iniciado hace tres cuartos de siglo en Europa ha contribuido decisivamente a los propósitos originales, la paz, la reconstrucción, la facilidad para desenvolverse en el continente con mucho más que un mercado común e incluso una moneda única. Por si fuera poco, se ha acogido, conforme al compromiso adquirido en La Haya en 1948, a los estados que se mantuvieron durante décadas bajo el poder soviético. Aun así, si bien la población del viejo continente valora positivamente la Unión Europea, tampoco puede decirse que lo manifieste de forma entusiasta. Pero lo que constituye un problema es que no parece tener un conocimiento adecuado de lo que la Unión Europea supone para su entorno y para la vida cotidiana personal o de la necesidad de implicarse personalmente en la defensa de ideales y objetivos asumidos en Europa, pero que parecen esperarse como un maná que no dependiera de la ciudadanía.

El Brexit ha puesto de manifiesto esta distancia entre lo que personas no especializadas conocen de la Unión Europea y la realidad que se les proyecta desde la misma, lo que debería reforzar la mejor comunicación de los éxitos pretéritos y los anhelos para los que han de ponerse los medios oportunos.

En este capítulo se aborda someramente la identidad europea, se contrapone la integración económica con el débil desarrollo de una valoración de la misma y se plantea la necesidad de promover, a través de la educación, el conocimiento de aspectos centrales en el funcionamiento y las aspiraciones del conjunto de los 27. En definitiva, se plantea que debe reducirse la distancia en el conocimiento entre las élites que guían el proceso y la población que finalmente opera, vive y puede influir en una realidad compleja, que no se puede percibir espontáneamente, sino que obliga a un esfuerzo de comunicación en el que probablemente no se ha insistido lo suficiente o por los cauces adecuados. Se ha dicho muchas veces que agrupamos la mayor editorial del mundo, existen documentos de todo tipo concernientes a la UE, tanto en papel como en Internet, en vídeo y en texto, pero lo que se ve del iceberg es solamente una parte, y no la más positiva, del conjunto.

La dificultad añadida de la enorme diversidad existente obliga a un esfuerzo especial, que va más allá del que puede resultar necesario en ámbitos comparables en extensión o población, y la cuestión idiomática –magníficamente resuelta en las instituciones– supone, tal vez, otro añadido que condiciona una cohesión que abarque a todos los grupos poblacionales y no solo a quienes progresan en el ámbito académico o trabajan en relación directa con las instituciones europeas. Si se abarca panorámicamente la historia de los últimos dos mil años, Europa ha sido escenario en el que se expandieron imperios, se formaron pequeños países, se produjeron quiebras religiosas, surgieron revoluciones y, muy a nuestro pesar, hubo muchísimas guerras. Sin embargo, a raíz de una de estas pudo empezarse un camino con gran entusiasmo, y no cabe mutar el mismo por una desidia que puede tener mucho que ver con la carencia de información, pero también con el conformismo, cuando no con una subrogación de la responsabilidad ciudadana en la clase política y la tecnocracia.

2. Europa, viejo continente, innovador en la integración

La realidad es multiforme, tiene vertientes infinitas y la percepción individual, incluso la de los medios de comunicación, se para en algunas cuestiones que pueden representar parte del todo, pero también constituir un elemento aislado. La Unión Europea ha venido empastando un conglomerado de lenguas, culturas, sistemas políticos y actitudes vitales diversas. El impulso inicial lo dieron «los Seis», tras episodios tan importantes como la reunión del Movimiento Europeo en La Haya, en 1948 (Aldecoa y Nasarre, 2023), y la declaración Schumann. Con 27 estados en 2023, que provienen mayoritariamente del fenecido COMECON o CAEM comunista, de la Asociación Europea de Libre Comercio (EFTA) y de la propuesta puesta en marcha con la CECA y los Tratados de Roma, amén de algunos otros no integrados previamente en organizaciones de tipo comercial, es inevitable que se ofrezcan planteamientos distintos, objetivos diversos, o miradas diferentes en torno a lo que es y ha de ser Europa, casi cumplido el primer cuarto del siglo XXI.

El proceso de crecimiento de la iniciativa fuerte de integración en Europa dio en constituir la Unión Europea y en la puesta en marcha del Mercado interior hace tres decenios, reformulación, al fin y al cabo, del Mercado Común que constituía el fin primigenio. Pero no ha parado ahí, llegando a poner en marcha una Unión Económica y Monetaria y a tener 27 estados miembros. Es común hacer referencia al avance que se ha producido parejo a las crisis que han aflorado durante tres cuartos de siglo, mostrar visiones críticas hacia problemas como el de la primera crisis económica del siglo XXI en Grecia, la inmigración, los refugiados o algunos ataques a ideas y compromisos centrales, incluso a la democracia que está en la base de todo el proceso de construcción iniciado tras la II Guerra Mundial. Pero todo se hace desde una posición privilegiada, en la que las críticas provenientes del otro lado del océano Atlántico, pero también con origen interno, están envueltas en unos datos que para la mayoría del mundo resultan envidiables. Esto habría de mover las voluntades de los europeos, si atendemos a referencias teóricas clásicas (Haas, 1958) en las que se dibujan las posibilidades de progresar conjuntamente manteniendo la existencia de las partes, siempre que se produzcan resultados, que se vaya avanzando, como efectivamente ha sucedido, desde la CECA a la UEM.

Siempre se ha insistido en la idea de que la Unión Europea progresa con las crisis, y, tras muchos pronósticos funestos, las instituciones y el conjunto de los estados han demostrado enorme capacidad de adaptación para superar conflictos, guerras cambiarias, ampliaciones, *cracks* financieros y pandemias (Backmand y Richard, 2018).[1] Pese a que no pueda ser considerada la UE como un estado y carezca de mecanismos inmediatos de respuesta para diversas cuestiones, lo cierto es que ha incrementado extraordinariamente su capacidad para propiciar actuaciones transfronterizas y se abre un desafío en cuanto al desarrollo de actuaciones supranacionales, en particular tras la actuación propiciada frente a la COVID y sus consecuencias económicas (Boin y Rhinard, 2023). Resulta difícil, sin embargo, encontrar un patrón claro de respuesta, y se propician soluciones *sui generis* a distintos niveles y con diferentes orientaciones (Anghel y Jones, 2023).

Constan, pues, referencias cuantitativas y cualitativas respecto al desarrollo económico y a las actuaciones anticrisis en ámbitos diferentes, que han sido objeto de investigaciones concordantes en el éxito que ha alcanzado el proceso integrador, si bien con deficiencias que han ido subsanándose y dando paso a nuevos desafíos. Sin embargo, no parece haberse consolidado una clara identidad europea ni han resultado ajenas las críticas al funcionamiento político e institucional, ya que no económico, de la Unión. Si las generaciones que vivieron la II Guerra Mundial tuvieron muy presentes experiencias personales y valoraron los pasos dados durante los tres cuartos de siglo transcurridos entre las reuniones previas, como la de La Haya de 1948, y la consolidación de los primeros éxitos, con la creación de la Unión Aduanera y la puesta en marcha de la PAC en los años sesenta del siglo XX, lo cierto es que quienes han vivido siempre en una Europa en paz y con cierto bienestar parecen considerar que tales son condiciones naturales e inmutables, que no dependen de una preocupación y un

[1] Esta publicación, entregada en 2017 y admitida en 2018, ha incorporado, no obstante, algunos elementos de actualización en la web, si bien hay otros artículos más recientes citados, como el de Boin y Rhinard, de 2023.

trabajo continuado de la sociedad civil, acompañando la acción de gobierno encomendada a las diversas instancias.

Por otra parte, no han sido infrecuentes los cuestionamientos y críticas al funcionamiento de una organización tan amplia, tan ambiciosa y en la que destaca la heterogeneidad de cuantos estados han venido incorporándose durante un período muy dilatado. El Brexit constituye la única salida de la Unión y ha parecido acallar las dudas que se suscitaban en algún estado, si bien hay quienes mantienen que las airadas críticas eran amplificadas teatralmente en algunos países, pero carecían de un sustento firme.

No es infrecuente que aparezcan publicaciones que cuestionan la identidad europea, que interpretan como algo artificial, manteniendo que las que verdaderamente se manifiestan son identidades de distintos estados o regiones. En tal sentido se llevan a cabo análisis basados en modelos concebidos para naciones y estados, no para un conjunto tan amplio como el que constituye un espacio de cuatro millones de kilómetros cuadrados donde viven casi cuatrocientos cincuenta millones de habitantes. Plantean, igualmente, que no es posible hacer algo que pueda exigir un esfuerzo expresamente enfocado a la cohesión, una identidad que, en definitiva, no surja *per se*. Cadot plantea abiertamente una duda acerca de esa identidad europea que se puede asociar a la memoria histórica, cultura, aspectos sociales, entre otras cuestiones que no dejan de ser un discurso común a muchas sociedades y que enlazan con obligaciones morales no específicamente europeas (Cadot, 2019).

En contraposición a los planteamientos citados en el párrafo anterior, otros abogamos por pensar que Europa tiene una entidad propia y que no cabe aplicar el análisis identitario tradicional al caso europeo, se sale de él, lo mismo que se salió de la estrecha consideración del GATT 1947 para la cooperación regional y la integración. Y es común la valoración que se hace en dos situaciones relativamente frecuentes en las que se puede percibir hasta qué punto tenemos elementos comunes que nos diferencian como europeos.

De una parte, he podido escuchar las opiniones de colegas que han participado en cursos de larga duración donde confluían estudiantes europeos y de diversos países del mundo, todos ellos comentan la sorpresa que les supuso constatar la confluencia de quienes eran ciudadanos de la UE, ya fuese de estados tan dispares como Finlandia y Grecia, España y Polonia o Irlanda y Luxemburgo, en una dinámica que marcaba las diferencias entre una forma de interpretar la realidad y los proyectos vitales de unos y otras. Pero no queda la cuestión en apreciaciones subjetivas de docentes, desde 2019 tenemos un Comisario Europeo para la promoción del estilo de vida europeo, lo que constituye un reconocimiento político expreso de la existencia de un conjunto de elementos que, de algún modo, nos identifican. La encomienda comporta iniciativas en el ámbito cultural y deportivo, tocantes a la educación, aplicación de herramientas para la transición energética, preparación para cambios en el mercado laboral e integración de inmigrantes. Derechos humanos, justicia, paz, igualdad, tolerancia, salud, cooperación o asilo son algunos de los muchos puntos a considerar transversalmente, siempre bajo el imperio de la ley. La novedad del cometido suscitó dudas e incluso críticas, pero pone un subrayado en esa percepción antes apuntada y que ya ha sido objeto de análisis académicos (Calligaro, 2023). Dicho autor insiste en la redefinición que ha de darse, pasando de las ideas centrales de los padres fundadores –asociadas a la paz– a la consideración del rico patrimonio cultural europeo entrando en el último cuarto del siglo XX y después a la búsqueda de un *leitmotiv* que articule una organización muy amplia y con muchas «esquinas», a la que afluyen corrientes migratorias relevantes.

Se refuerza la identidad europea al encontrarse con otros estudiantes en contextos internacionalizados: «*European identity is contextually bound and surfaces more frequently during transnational experiences and encounters with international peers*» como apuntan en su artículo Cores, Méndez y Fonseca (2020). Por otra parte, también ante el fenómeno turístico se plantea también cierta diferencia entre los viajeros europeos y otros cuando se mueven fuera de su espacio vital cotidiano. En tal sentido son interesantes los comentarios que realizan Bianchi, R. y V. Stephenson (2013) en torno a los efectos que han provocado todo un largo período de integración, pero sobremanera las libertades inherentes al Mercado Único y las facilidades de movilidad asociadas al tratado de Schengen, aspectos que se contemplan en el apartado «Mobility, tourism and 'post-national' citizenship in the European Union», en el que también se apunta cómo la Unión Europea intenta favorecer con el turismo una identidad paneuropea, y en tal sentido resultan positivos los movimientos masivos de turistas nórdicos a zonas meridionales.

Más allá de las consideraciones anteriores, cabe hacer mención del reconocimiento que supuso el otorgamiento del Premio Nobel del año 2012 a la Unión Europea, por haber contribuido durante seis décadas al avance de la paz y la reconciliación, la democracia y los derechos humanos, significando que el trabajo de la Unión Europea representa la fraternidad entre las naciones y concuerda perfectamente con los planteamientos que tuvo Alfred Nobel al instaurar los premios (Nobel Prize, 2012).

Algunos autores han planteado los problemas de desintegración agrandados por el Brexit y el crecimiento de algunos nacionalismos beligerantes. Berkelsmann propone retomar el concepto de «comunidad» surgido a finales de los años cuarenta y en los cincuenta para reformular una Europa basada en principios y en valores. Esto hace necesario una mentalidad que precisa tanto de intercambios y encuentros personales como de políticas *ad hoc* que fomenten la confianza y la comprensión mutua entre pueblos que son diversos (Bekemans y Martín, 2018).

Dadas las peculiaridades y la innovación que definen el largo proceso de integración europeo, se detecta que no existe, propiamente, un espacio de comunicación europeo, como indica Schlesinger en varias de sus obras, y en particular, en la publicada conjuntamente con Fossum en 2007. Resalta el autor la importancia que adquiere la comunicación en el caso de la integración europea, siendo mucho más importante para progresar en un marco tan complejo que en un caso en el que se pretenda la formación de un estado.

3. De las grandes formulaciones al «gris de Bruselas»

Las raíces al actual proceso de integración europeo hay que buscarlas en el período inmediatamente posterior a la II Guerra Mundial. Es cierto que hay antecedentes, árboles del mismo bosque, que hunden sus raíces en el Imperio carolingio o en la formulación de propuestas adelantadas a su tiempo en el siglo xix, pasando por una acumulación de territorios bajo el poder de un monarca como Carlos I de España o de un militar como Napoleón. Lo que en su momento fueron arranques que se propagaron desde un foco inicial relativamente reducido no tiene ahora equivalente, la Unión Europea se mueve ante los desafíos, pero existe una gran estructura que trabaja con el impulso controlado de un conjunto de estados, lo que reduce la mística y provoca manifestaciones posiblemente insulsas. En tal tesitura, es difícil suscitar entusiasmo, pero cabría esperar, al menos, que el conocimiento llevase a valorar en su justa medida una contribución, no menor, al mundo y a la vida de la población europea.

Retomo aquí el proceso de integración para comentarlo con una perspectiva más asociada a la identidad europea, porque conviene saber que, en los orígenes, se participó de ideas fuertes comunes que permitieron vertebrar iniciativas exitosas. Seguramente ha sido necesario el discurrir de miles de documentos, la intervención continua de funcionarios, el uso de técnicas jurídicas, de negociación, para la implementación de políticas públicas y otro sinfín de cometidos alejados de las personas que deambulan por Dublín, Roma o Helsinki. Pero eso no quita importancia a elementos que tienen que ver con otros aspectos, que no son puramente económicos u organizacionales, pero que influyen en aquellos y en estos, que probablemente no constituyan problemas acuciantes, pero que tienen el potencial de generar opciones mejores para un futuro común. El «gris Bruselas» tiene que dejar hueco a la ilusión de ser miembros de una comunidad multitudinaria que puede presumir de logros, que es consciente de que necesita mejoras, pero que tiene muy claro, en lontananza, el rumbo a seguir, de acuerdo con la premisa de Séneca.

Fue al filo de la finalización de la gran contienda cuando Winston Churchill defendió la idea de los Estados Unidos de Europa, considerando que no tendría por qué completarse de inmediato, y que cabía que importantes estados que habrían de quedar fuera podrían ir incorporándose sucesivamente. Entre otras muy entusiastas partes de su alocución, mantuvo que si Europa pudiera unirse habrían de lograrse todo tipo de parabienes, algo de lo que podrían gozar hasta cuatrocientos millones de personas

If Europe were once united in the sharing of its common inheritance there would be no limit to the happiness, prosperity and glory which its 300 million or 400 million people would enjoy.

Winston Churchill, *Zurich Speech*, 1946

Hay que interpretar la propuesta, obviamente, en el contexto de la salida de una situación de postración absoluta, tras fracasos anteriores, en la preocupación por las libertades (o frente a la tiranía) y en la necesidad de alumbrar una esperanza a millones de europeos marcados por la guerra y la necesidad de reconstrucción poblacional, urbana y del sistema productivo.

El proceso fue complejo, no cabe profundizar aquí en él, pero se fueron tomando decisiones durante los años cincuenta, se manifestó claramente una vocación británica de auspiciar fórmulas menos comprometidas y se reinició el proceso al par que la Unión Aduanera lograda ponía de manifiesto el vigor de la iniciativa de «los Seis».

La crisis económica de los años setenta no fue óbice para continuar profundizando una integración en la que nuevos estados fueron incorporándose, incluido el Reino Unido, propiciando una diversidad mayor, tanto en lo económico como en lo cultural y, lo que seguramente resulta más importante, en la firmeza de la propia implicación en el proyecto europeo.

Los nuevos objetivos en el orden monetario se vieron impulsados a finales de los años setenta, pero sufrieron un duro golpe con la crisis monetaria provocada en septiembre de 1992, poniendo en peligro la proyección de la moneda única (Salvatore, 1997). No fue algo excesivamente percibido por la población en la mayoría de los países, si bien suponía un serio problema en el orden de la construcción europea, y particularmente para una vieja potencia que se vio expulsada del sistema.

En palabras de Jacques Delors, oteando ya el fin de siglo, la propuesta tenía todavía tintes algo revolucionarios, y podría decirse que se estaba experimentando cómo gestionar la interdependencia. Pero enfatizaba la importancia de tener conciencia de dónde había surgido todo:

The first principle may seem very remote, given the failure of the collective memory; that is, exchanges and cooperation between people. At a time when hatred, or simply ignorance and fear of others, is troubling that part of Europe which has just emerged from the totalitarian nightmare.

Jacques Delors, 1992

Es oportuno el recuerdo de los duros inicios, pero hay que constatar que 1992 fue un auténtico punto de ensilladura en el proceso que ahora continuamos desarrollando. En palabras de Jim Cloos, se funden en torno al Tratado de Maastricht una integración económica que se materializa en un Mercado Único, la propuesta de encauzamiento de la cuestión monetaria con la creación de la moneda única en el horizonte y una realización de índole política como la Unión Europea (Consejo de la Unión Europea, 2022). En dicho documento se destaca, junto a los aspectos citados, la importancia de la cohesión económica y social, de la justicia y de actuar en el mundo con una sola voz. Si destaco estas cuestiones, que son de conocimiento común entre quienes nos movemos en torno a la temática europea, es porque cambios tan profundos y decisivos para millones de personas no tuvieron la resonancia social ni siquiera el conocimiento por parte de muchos europeos.

Según quien plantee la valoración es posible que se ponga más énfasis en los progresos producidos en la integración económica, en la formación de un espacio donde las magnitudes macroeconómicas resultan comparables a Estados Unidos o China, donde fluyen el comercio y las inversiones, se tiene una moneda que opera mundialmente; se han logrado en Europa tanto una renta per cápita como un bienestar muy estimable. Un segundo apartado, que otros resaltarían, es el del avance político, habiendo logrado integrar varios estados en los que las dictaduras se prolongaron por años, es nuestro caso, el de nuestro vecino ibérico y el de varios estados de la Europa Central y Oriental. Es posible que, como sostiene Jacobson, el avance político no hubiera sido posible sin la consecución de los objetivos económicos, y que podamos entender que el proceso no se detiene, pese a tener altibajos, y se prolonga en el tiempo, siendo necesario clarificar la orientación deseada. «*Politicians should clarify the objectives of the European integration process, explaining them to European citizens and pointing out the steps envisaged in the years ahead*» (Jacobson, 1999).

Lo realmente remarcable, y razón de incluir esta cita, es esa segunda parte en la que se indica cómo deben ser explicados los objetivos a los ciudadanos europeos. Es esta una tarea que suele quedar a la sombra de propuestas concretas en el ámbito económico, medioambiental o político, por citar algunos. De hecho, no solo parece faltar una labor pedagógica y de comunicación efectiva en torno a temas específicos, sino que se hace preciso un impulso que vaya más allá de tales cuestiones y que pueda fomentar cierto sentimiento de pertenencia dentro de una iniciativa, en la que hay algunos estados que llevan trabajando conjuntamente casi tres cuartos de siglo. Fabrice Larat se pregunta cómo sería posible desarrollar tal sentimiento con un punto de partida diverso y sin referencia en los modelos políticos conocidos.

> *Comment développer à partir d'un ensemble des plus hétéroclites un sentiment d'appartenance commune pour un espace politique qui ne correspond pas aux modèles d'ordre politique expérimentés jusqu'à présent ?*
>
> Fabrice Larat, 2006, pág. 49.

Esta cita del año 2006 nos sirve de argumento para lo que constituye un elemento principal de este libro, explicar la importancia de desarrollar el conocimiento y el sentimiento europeo, en parte a través de la educación, arrancando de un problema constatado. En efecto, Fabrice Larat pone un subrayado en la necesidad y la dificultad de configurar un espacio que es distinto a los modelos tradicionales. Su publicación corresponde a un período en el que podríamos decir que se culmina una parte fundamental de la integración europea, ya que hay un mercado y una moneda única, la mayoría de los países facilitan la movilidad internacional en condiciones inmejorables en virtud del tratado Schengen, una parte significativa de los estados que habían estado en la órbita soviética se acababa de integrar en la Unión Europea y esta lideraba negociaciones internacionales tan importantes como el desarrollo del protocolo de Kioto. Aun así, todo indica que los privilegiados europeos seguían sin valorar algo que tomaban como normal, un bienestar social generalizado, tanto en cuanto a derechos como en condiciones de vida y en expectativas económicas, que luego se truncarían con la crisis internacional irradiada desde Estados Unidos.

Más allá de lo que piensan individualmente los europeos, conviene destacar que, en palabras de Cabrera, «fue en el Tratado para la malograda Constitución Europea de 2004 que se consagran por primera vez los valores comunes europeos, que luego se rescatan para el tratado de Lisboa de 2007» (Cabrera, 2021, pág. 358), lo que pone de relieve la importancia que se le confiere a tal cuestión en un tratado que sigue vigente tres lustros después de su aprobación.

Conforme al primer Eurobarómetro tras la crisis citada, el euro se constituye como el principal elemento que sustenta la identidad europea, con un 40 %. Sin embargo, el elemento que se constata en la encuesta como el que más refuerza el sentimiento de ciudadanía europea es el sistema europeo de protección social armonizado entre los estados, con un 39 % (Eurobarómetro 2009). A pesar de esto, se constata que surgen muchas dudas respecto a la viabilidad del proyecto europeo, en parte auspiciadas por una influyente opinión pública norteamericana muy beligerante, de la que es buen ejemplo el Premio Nobel de Economía Paul Krugman, pero que también tiene raíces en la propia Unión Europea y, cómo no, en el siempre reticente Reino Unido. Las políticas económicas frente a la crisis no constituyen el mejor alivio y solo el éxito en la salida de la misma, con una labor encomiable por parte de Mario Draghi, vuelve toda el agua a su cauce, con la excepción de la fuga británica.

En tal tesitura, la identidad europea es algo de crucial importancia, considerada incluso desde la perspectiva económica, como indican expresamente algunos autores, que valoran cómo habría de potenciar la cooperación entre los diversos agentes (Caglia *et al.*, 2018), si bien concebida como añadida a las identidades nacionales. Sin embargo, la realidad no progresa en igual medida que la consideración positiva de un avance identitario, en tal sentido cabe hacer mención de ideas muy expresamente planteadas en la literatura:

> El nivel de identificación como europeos de los ciudadanos de la UE tiende a ser bajo y estable a lo largo del tiempo, pese a la europeización de las vivencias relacionadas con los ámbitos económico y político desde hace décadas.
>
> Díez Medrano, 2019

No obstante, el hecho de que no se llegue a un estado tan avanzado, lo cierto es que mediante las encuestas y los análisis del Eurobarómetro se constató en 2017 que más de la mitad de los europeos consideran que comparten valores, de hecho, un 52 % sostienen la idea de que existe cercanía o mucha cercanía entre los estados miembros de la Unión Europea, que eran 28 en aquel momento.

La formación de la opinión pública no es ajena, no obstante, a influencias negativas que llegan incluso a producirse por los socios en la integración. La Unión Europea no maneja un presupuesto muy cuantioso, pero ha demostrado que los fondos derivados a muchos territorios han sido fundamentales para el desarrollo, es el caso de los estados ibéricos incorporados en 1986 o de los PECO que forman parte de la UE desde 2004, si bien recibieron ayudas durante los tres lustros anteriores. Sin embargo, más allá de una percepción difusa del FEDER, los fondos de cohesión o los destinados al desarrollo rural, ha sido recurrente un uso desmedido de la responsabilización exterior de las decisiones más duras. «Obliga Bruselas» ha sido un argumento en el que muchos gobiernos se han escudado cuando las medidas a tomar podrían ser consideradas antipopulares. En este sentido, a la tradicional acusación de burocracia excesiva se suma una creación extraña, en la que los gobiernos reunidos en el Consejo, así como otras instituciones, parecen verse atrapados por un sujeto informe denominado con el nombre de la capital belga. Bruselas, que podría resultar una referencia icónica de un proceso extraordinario, queda en muchas ocasiones retratada como la instancia en la que se producen decisiones alejadas de la ciudadanía, algo que solo puede ser aceptado en tales términos por quien carezca de un mínimo conocimiento de lo que es la Unión Europea y cómo ha progresado la integración del continente, sorteando problemas internos y asumiendo los cambios del entorno y los desafíos del mundo (Alba, 2018).

4. Educación para la integración, más allá de la economía

La separación entre economía, política, sociología, antropología, geografía, historia u otras ciencias, como ecología o matemáticas contribuye, no pocas veces, a perder interpretaciones ricas de una realidad que es compleja, y que cuantos trabajamos en Ciencias Sociales sabemos que tiene que ser analizada con un enfoque abierto y transdisciplinar, que permita proyectar toda la luz posible sobre realidades influidas por factores múltiples y que, además, no se sustraen a la dimensión espaciotemporal. Las perspectivas neofuncionalista, intergubernamentalista y postfuncionalista proporcionan explicaciones alternativas para la complejidad del proceso de integración, apuntando los postfuncionalistas cómo el peligro del reforzamiento de tendencias nacionalistas radicales puede romper el sistema de partidos preexistente (Hooghe y Marks, 2019), subrayando intereses específicos y captando votos asociados a un euroescepticismo que ignora una gran parte del fenómeno de la integración y sus logros.

La Unión Europea supera los treinta y cinco mil euros de renta per cápita, tiene globalmente menos de un 7 % de paro y goza de unos índices de desarrollo humano que superan el 0,8 salvo en el caso de Bulgaria, que no llega por unas centésimas, mientras que hay varios estados que se aproximan al 0,95. Y esto es así tras haber digerido fenómenos tan complejos este siglo como la fase final de la UEM, la integración de países atrasados económicamente, la crisis del 2007, el Brexit, la pandemia, el cambio climático que ha exigido medidas importantes y la guerra de Ucrania. La puesta en marcha de un plan de recuperación, financiado con un endeudamiento, culmina, por el momento, algo que, de forma difusa, se percibe como un factor positivo por la población europea, en general, tal y como se detecta cuando se pregunta en las encuestas del Eurobarómetro. Sin embargo, ni en estados donde la influencia económica de la UE resulta incuestionable, se observa gran preocupación por el devenir de lo que parece funcionar en régimen automático.

La relación entre la integración (económica) y la identidad merece ser considerada, y ha sido motivo de estudio por parte de autores pertenecientes a los diversos campos citados en el párrafo anterior. Al aproximarnos a la relación que pudiera existir entre la identidad, la educación y la economía de una entidad determinada, cabe recoger ya desde antiguo resultados de investigaciones al respecto que nos ilustran acerca de algunos aspectos de interés (Blaug, 1966). En primer lugar, cabe establecer que la educación contribuye de forma clara al desenvolvimiento económico cuando aplicamos los primeros fondos a la misma, y no constituye algo diferencial en cuanto se supera un porcentaje de gasto respecto al PIB que puede rondar el 4 %. Resulta sobradamente conocido, y es un conocimiento que decide a los gobiernos a hacer ese esfuerzo, no particularizado, de apoyar un sistema educativo que produce bienes comunes. No es tan común referirse a la importancia de la identidad o a la influencia mutua entre la misma y la economía de un país, o de la Unión Europea en su conjunto. En tal sentido, parece acreditado que la transferencia entre identidad nacional e identidad europea puede relacionarse positivamente con los beneficios materiales que la población interpreta que percibe como consecuencia del proceso de integración (Risse, 2005).

Parece singularmente clara la idea expresada por diversos autores en el sentido de que las identidades europea y nacional juegan un papel de suma importancia en cuanto se propugna en la Unión Europea, y particularmente durante la crisis económica de 2007-2011 (Fligstein *et al.* 2012). Ya con anterioridad a dicha problemática, y tratando de explicar la relación entre aspectos económicos y políticos, así como su relación con las identidades nacionales y europea, Lisbet Hooghe y Gary MarksView (2005) ofrecieron un análisis muy completo en el que se detecta la mayor importancia del aspecto identitario. Con un modelo complejo, en el que combinan técnicas econométricas con información del Eurobarómetro, logran acreditar la potencia económica de la identidad y establecen que la población tiende a mostrar menor apego a la integración europea cuando quienes lideran el proceso se conducen con divisiones o enfrentamientos.

Si atendemos a la reflexión profunda realizada en el seno de las instituciones europeas, cabe destacar lo que aporta al respecto el Parlamento Europeo en un informe:

> La educación es un factor fundamental para facilitar una ciudadanía activa e informada y, por tanto, para la participación democrática. La dirección de una Unión política democrática debe estar determinada por la voluntad de los ciudadanos. Durante muchos años, la aparición de una ciudadanía europea dinámica se ha visto obstaculizada por una laguna de conocimientos y una falta de conexión emocional que ha llevado a la idea de que la Unión Europea es remota y compleja (Parlamento Europeo, 2022).

El informe del Parlamento Europeo, del que fue responsable el eurodiputado español Domeneç Ruiz Devesa, insiste en otra serie de consideraciones, como el recorrido pendiente entre las numerosas declaraciones que detalla y lo realmente llevado a cabo. En tal sentido, se indica que faltan objetivos concretos en relación con la enseñanza de los valores europeos comunes (los consagrados en el art. 2 del TUE) «La aplicación de la política educativa es deficiente en términos de instrumentos curriculares concretos y de medidas de apoyo».

Siguiendo con el informe citado, se repasa la contribución de ciertos programas en el ámbito al que nos referimos de continuo en este capítulo, destacando cómo la movilidad propiciada por el programa Erasmus «ha aumentado indirectamente el sentimiento de pertenencia a la Unión». No parece haber tenido el mismo éxito Horizonte 2020 en el ámbito de la investigación sobre enfoques curriculares, metodológicos y pedagógicos, si bien existen buenas expectativas para el ciclo 2021-27. En lo que toca a «Europa para los ciudadanos», es un programa que estaba destinado a favorecer la compresión de la historia y los valores, así como la diversidad de la Unión Europea, habiendo logado eficazmente a reforzar la participación ciudadana y al debate sobre la Unión. Europa Creativa intenta promover el patrimonio cultural europeo y una mayor comprensión de la historia europea, pero parece que el desarrollo ha quedado por debajo de las expectativas. Un dato que ofrece, basado en estudios del ICCS es que solo la mitad de los estudiantes de la UE dijo haber tenido oportunidad de aprender sobre Europa en la escuela, pese a lo cual un 70 % de estudiantes confían en la Unión Europea. El informe incluye una cuarentena de recomendaciones, a los Estados miembros y a la Comisión, fundamentalmente, en el sentido de incrementar cuanto concierne a la educación ciudadana y europeísta.

En un ámbito más académico y también específico, pero que también entronca con la valoración y el conocimiento de lo propio, se vinculan toda una serie de elementos, entre los que se encuentran la identidad, la cultura o la historia, al potencial económico, social y político inexorablemente unido a los mismos.

> La recuperación y salvaguardia del patrimonio cultural, como testimonio de la propia historia, civilización, cultura, identidad y tradición, es uno de los terrenos más fértiles e inno-

> vadores para que los Bienes Culturales, bien conservados y valorados, puedan ser un importante recurso económico y social, además de fundamento para la democracia.
>
> Baldi, 2023, pág. 107.

Esto concuerda con lo que ha sido, en mayor o menor medida, práctica de una Unión Europea que ha progresado en el cuidado de tales aspectos, si bien con aparente indiferencia social, salvo en casos muy específicos, e incluso menos directamente abordados, entre los que podríamos citar el Itinerario Cultural Europeo del Camino de Santiago, propiciado en el ámbito paneuropeo.

Sobre la conveniencia de insistir más en comunicar las realizaciones, la Unión Europea presenta un balance positivo, si bien «necesita líderes comprometidos, dispuestos a conducir un mercado de 500 millones de personas», como señala el periodista Gorka Landáburu (Iglesias, 2023). Frente a la propia existencia de la UEM, de 27 estados miembros y varios candidatos, un PIB global y per cápita destacado, la puesta en marcha de un acuerdo verde y la transición energética, amén de otras realizaciones, la presencia de la UE en los medios ha sido debida más al Brexit, las crisis migratorias y de asilo e incluso críticas internas relativas a la colaboración con Ucrania frente a la invasión rusa.

Con todo, algunos de los elementos inicialmente adversos para la evolución de la Unión parecen haberse transmutado. El caso británico es paradigmático a la hora de entender la importancia que tiene percibir o no le influencia de la Unión Europea en la vida cotidiana. La maduración de una decisión más que controvertida ha sido magníficamente analizada por Antonio Fernández (2018), pero son los datos actuales los que nos hacen ver en qué medida pudo culminarse una salida de la UE sin que la población fuese consciente de la magnitud de lo que estaba decidiendo y teniendo ahora una opinión francamente distinta, una vez que la experiencia pone de manifiesto aspectos que antes resultaban ocultos. Esa desinformación que ahora reconocen y lamentan muchos británicos, hasta el punto de que más del 60 % dicen estar disconformes con la solución de salida, es la que conviene paliar entre quienes participan, muchos durante toda su vida, de un proceso que ya no puede quedarse en el arca del buen paño decimonónico.

La juventud europea necesita disponer de referencias que le permitan contribuir al desarrollo colectivo. En tal sentido, se plantea que su mayor movilidad puede conducir a perder ciertas referencias, preocupándose más de las muy cercanas, identificativas con su familia o su nación, pero sin percibir una narrativa histórica que habría de formar parte de una identidad europea que impregnase su percepción individual, probablemente sesgada si el proceso de selección es errático. No se trata de adoctrinar, sino de facilitar la comprensión de un proceso y de una realidad que influyen cotidianamente en el devenir de millones de personas que no han tenido la oportunidad de recibir información para poder ubicarse en un mundo complejo. El fenómeno de globalización del siglo pasado, la proliferación de las TIC y la reordenación de los bloques e influencias en el concierto internacional, con la emergencia de China, hacen aún más necesario disponer de argumentos para poder contestar las clásicas preguntas filosóficas existenciales en torno a lo que somos y lo que queremos.

5. Conclusiones

Independientemente del éxito alcanzado al poner en marcha el Mercado Único, la Unión Europea, el euro, al superar la difícil crisis de la primera década del siglo, la pandemia e incluso al dotar fondos especiales para la recuperación, la Unión Europea sigue recibiendo una proporción excesiva de críticas frente a los reconocimientos y la valoración que hacen los propios europeos. Podemos establecer una serie de conclusiones en torno a la importancia de la integración y llegar a proponer la vía educativa como una de las que potencialmente cabe que contribuya a mejorar la percepción de la Unión Europea, lo que también ha de abonar un mejor futuro para la integración, más allá de lo meramente económico, que forma parte fundamental de la misma.

1) El proceso de integración europea es complejo, se alarga en el tiempo, siempre plantea nuevos objetivos, y carece de la referencia de experiencias anteriores.
2) La sociedad europea tuvo muy presente la necesidad de un gran cambio, de un esfuerzo conjunto para superar grandes males. Esto ha cambiado tras décadas de prosperidad, y no hay una percepción intensa sobre la necesidad de aportar cooperativamente por y para el conjunto.

3) Se producen algunas distorsiones en la medida en que hay una confrontación de intereses próximos y conocidos contra otros más difusos y aparentemente lejanos. Esto puede favorecer un euroescepticismo y la inclinación hacia posturas calificadas como ultranacionalistas o populistas, pero que habrían de definirse con un nuevo término.
4) Los datos objetivos muestran un gran conjunto de éxitos y algunos fracasos específicos. El desconocimiento de la realidad europea, tanto en una dimensión histórica como política o económica, entre otras, permite una toma de decisiones soportada en informaciones incompletas y deficientes.
5) Existen múltiples posibilidades de suministrar información a los ciudadanos europeos, y se ha hecho un permanente esfuerzo en tal sentido. Sin embargo, es posible que los medios no hayan sido los más eficaces.
6) El caso más paradigmático de distanciamiento entre la realidad y la percepción, que condujo a una decisión disruptiva, es el británico. La población constata ahora que fue un error salir de la Unión Europea, una vez que conoce las consecuencias y que valora lo que, en su momento, no percibió.
7) Sigue habiendo representantes políticos que lideran causas de su entorno al margen por completo de una mínima visión de conjunto, tal es el caso que se produce en Hungría, por ejemplo. Y encuentran apoyo popular.
8) Es capital conseguir que quienes viven en Europa sepan qué es lo que ha supuesto, y cómo se proyecta, el proceso de integración que ha venido profundizándose desde hace tres cuartos de siglo.
9) Se constata que hay autores que confieren especial importancia a cuestiones como la cultura, la identidad, la cohesión social o la coincidencia en los objetivos de cara a la promoción del desarrollo económico.
10) La existencia de algunos programas, inicialmente menores, como el Erasmus, ha puesto de manifiesto la efectividad del sistema educativo en la percepción que los jóvenes llegan a tener de una Unión Europea que les proporciona fórmulas directas para su formación.

11) El sistema educativo, que no tiene gran homogeneidad ni siquiera dentro de algunos de los estados, considera en diferente forma la cuestión europea, vinculándola a la ciudadanía, a los derechos humanos, a la historia o a la economía, dándose el caso de que resulta anecdótico el aprendizaje sobre la Unión Europea en algunos casos.[2]
12) Se han dado diversos planteamientos queriendo impulsar un mayor contenido sobre temas de la Unión Europea en diversas etapas formativas de niños y jóvenes, sin que pueda decirse que se hayan consolidado de forma generalizada.
13) Existen ahora referencias que antes no había para poder prestigiar y hacer notar la ejecutoria de la Unión Europea, tanto por sus realizaciones como por las pérdidas que se han constatado en el caso británico tras el Brexit.
14) La integración económica, muy profunda, no ha llegado a corresponderse con una valoración general acorde con la misma, en el sentido que planteaba Haas (1958). Hay una percepción positiva relacionada con los beneficios logrados, pero seguramente en una escala reducida.
15) Es preciso abordar nuevas fórmulas complementarias de integración que se sumen a la integración económica, y en dicho sentido parece oportuno que la cohesión se agrande merced a una profundización en lo común que se apoye en el ámbito educativo.

Son muchas las aportaciones que se han hecho en torno a la integración económica y numerosas también las que se han propiciado en torno a la discutida identidad europea. Por otra parte, existen declaraciones, informes, e incluso programas, que tienen que ver con la educación para la ciudadanía y en torno a lo que es y proyecta la Unión Europea. Sin embargo, no parece haberse profundizado en la enorme interrelación existente entre tales temas. Si tener intereses comunes puede contribuir a seguir adelante con todo, como dijera Ja-

[2] Acaba de publicarse un libro de homenaje a Eugenio Nasarre en el que hay numerosas contribuciones en torno al proyecto europeo, que tratan ampliamente la cuestión educativa (Aldecoa, 2024)

cinto Benavente, saber qué intereses son los que se persiguen conjuntamente, cómo y por qué, resulta fundamental para que cada persona que cotidianamente piensa y toma decisiones, lo haga informadamente, pero, sobre todo, que participe de la satisfacción de formar parte de un todo en el que se ha estado desarrollando un modelo nuevo, difícil, pero exitoso, en el que se ha integrado a estados con trayectorias previas muy problemáticas y donde se han propiciado soluciones a muchos de los problemas –no a todos– surgidos en el camino. La falta de protagonismo en el mundo audiovisual, sobre el que tantas veces ha promovido reflexiones Francia, y la rapidísima proliferación de las TIC hacen aún más patente la necesidad de favorecer un sustrato de conocimiento y sentimiento común europeo para favorecer la convivencia y el desarrollo.

Bibliografía

Alba, J. (2018). Dos pasos no menores de la Unión Europea en el siglo XXI: ampliación al Este y actuación frente al cambio climático, Alba, J. ed. Avances y desafíos de la integración europea a 60 años del Tratado de Roma. Cuadernos Jean Monnet sobre integración europea fiscal y económica, pp. 227-256.

Aldecoa, F., Nasarre, E. ed. (2023). *El Congreso de Europa (La Haya, 1948) El nacimiento de la Unión Europea*. Ed. Catarata.

Aldecoa, F. editor (2024) *Eugenio Nasarre. Un compromiso decidido por el proyecto europeo*. Editorial Catarata. Madrid.

Anghel, V. y Jones, E. (2023). Is Europe really forged through crisis? Pandemic EU and the Russia – Ukraine war, *Journal of European Public Policy*, 30: 4, pp. 766-786.

Backman, S. y Rhinard, M. (2018). The European Union's capacities for managing crises. *Journal of Contingencies and Crisis Management*. https://doi.org/10.1111/1468-5973

Baldi, M. (2023). La UE y Soft Power: ¿Cultura, estilo de vida y un sistema basado en valores? *Tiempo de Paz, n.º 148 Europa: Construir el futuro o volver al pasado*, pp. 100-109.

Bianchi, R. V., Stephenson, M. L. (2013). Deciphering tourism and citizenship in a globalized world. *Tourism Management*, 39, pp. 10-20.

Blaug, M. (1966). Literacy and economic development. *The School Review*, 74(4), pp. 393-418.

Boin, A y Rhinard, M. (2023). Crisis management performance and the European Union: the case of COVID-19, *Journal of European Public Policy*, 30:4, pp. 655-675.

Bekemans, L., Martín, V. (2018). Robert Schuuman's Concepto of «European Community». What Lessons for Europe's Future? *Online Journal Modelling the New Europe*. N.º 28, pp. 38-57. https://www.ceeol.com/search/journal-detail?id=413

Cabrera, M. (2021). *Hacia una ciudadanía compartida en la Unión Europea basada en sus valores*. Tesis Doctoral (Programa de doctorado en Unión Europea. uned). http://e-spacio.uned.es/fez/eserv/tesisuned:ED-Pg-UniEuro-Mcabrera/CABRERA_GIRALDEZ_Marcelino_Tesis.pdf

Cadot, C. (2019). *Mémoires collectives européennes*. Presses universitaires de Vincennes.

Caglia, S., Fuest, C., Heinemann, F. (2018). What a feeling? How to promote 'European Identity Economic Policy Report n.º 9 https://www.econstor.eu/handle/10419/219512

Calligaro, O. (2023). European identity between culture and values. From European heritage to 'our European way of life'. Foret, F., Vargovciková, J. ed., *Value Politics in the European Union*. Routledge.

Cederman, L. E. ed. (2001). *Constructing Europe's Identity: The External Dimension*. Lynne Rienner Publishers. Londres.

Churchill, W. (1946). Winston Churchill, speech delivered at the University of Zurich, 19-9-1946 https://rm.coe.int/16806981f3

Consejo de la Unión Europea (2022) https://www.consilium.europa.eu/en/maastricht-treaty/

Cores-Bilbao, E., Méndez-García, M.D. & Fonseca-Mora, M.C. (2020). University students' representations of Europe and self-identification as Europeans: a synthesis of qualitative evidence for future policy formulation. *European Journal of Futures Research,* 8, 1. https://link.springer.com/article/10.1186/s40309-019-0159-y

Delors, J. (1992). *Address by president jacques delors to the royal institute of international affairs - london, 7 september 1992: the european community and the new world order* https://ec.europa.eu/commission/presscorner/detail/en/SPEECH_92_81

Díez Medrano, J. (2019). Identidad europea e identificación con Europa. Ares, Cristina y Bouza, Luis ed. (2019): *Política de la Unión Europea. Crisis y Continuidad*. CISS, pp. 169-190.

Duisenberg, F. (1999). *The past and future of European integration: a central banker's perspective*. ECB Banco Central Europeo. 1999 Per Jacobsson Lecture, 26-9-99. Washington. https://www.ecb.europa.eu/press/key/date/1999/html/sp990926.en.html

Dunn, T. M. (2012). Neo-Functionalism and the European Union. Nov 28 2012. *E-International Relations* https://www.e-ir.info/2012/11/28/neo-functionalism-and-the-european-union/

Eurobarómetro (2009). *The 2009 Elections Report* https://www.europarl.europa.eu/at-your-service/es/be-heard/eurobarometer/2009-european-elections-autumn-2008

Fernández, A. (2018). El brexit: una aproximación al por qué. Alba, J. ed. Avances y desafíos de la integración europea a 60 años del Tratado de Roma. Cuadernos Jean Monnet sobre integración europea fiscal y económica, pp. 267-288.

Fligstein, N, Polyakova, A, Sandholtz, W. (2012). European Integration, Nationalism and European Identity. *Journal of Common Market Studies* https://doi.org/10.1111/j.1468-5965.2011.02230

Fossum, J. E., Schlesinger, P. R. ed. (2007). *The European Union and the Public Sphere: A Communicative Space in the Making?* Routledge. Nueva York.

Haas, E. B. (1958). *The Uniting of Europe: Political, Social and Economic Forces, 1950–1957*. Stanford University Press.

HOOGHE, L., MARKS, G. (2005). Calculation, Community and Cues: Public Opinion on European Integration. *European Union Politics*. Vol. 6.4. https://doi.org/10.1177/1465116505057816

IGLESIAS, M. J. (2023). Gorka Landaburu: 'Europa ha tenido más aciertos que fracasos'. *La Nueva España*, 12-5-2023

KRAWATZEK, F., FRIESS, N. (2023). Youth and Memory in Europe: Defining the Past, Shaping the Future. Media and Cultural Memory. The Gruyter.

LARAT, F. (2006). L'Europe a la recherche d'une figure tutelaire. L'instrumentalisation de la symbolique carolingienne comme tentative de fondation d'un projet politique. *Politique européenne*, n.º *18 La socio-historie de l'integration européenne* , pp. 49-67.

NOBEL PRIZE (2012) https://www.nobelprize.org/prizes/peace/2012/summary/

PARLAMENTO EUROPEO (2022). *Informe sobre la aplicación de medidas de educación cívica*, de 23-3-2022. https://www.europarl.europa.eu/doceo/document/A-9-2022-0060_ES.html

SALVATORE, D. (1997). The European monetary system: Crisis and future. *Open Economies Review* (Kluwer AP) nº7, pp. 601-623.

RISSE, T. (2006). Neofunctionalism, European identity, and the puzzles of European integration. *Journal of European Public Policy*, pp. 291-309. https://doi.org/10.1080/13501760500044033

SHORE, C., BLACK, A. (1994). 'Citzens'. Europe and the Construction of European Identity. Capítulo 13 de Shore, C., Goddard, V. A., Llobera, J. (1994): *The Anthropology of Europe: Identities and Boundaries in Conflict*. Berg Publishers. Reeditado por Routledge en 2020.

La presencia del Camino de Santiago en el currículum de primaria en España como elemento patrimonial de integración y cohesión social de Europa

BELÉN CASTRO-FERNÁNDEZ
JORGE CONDE-MIGUÉLEZ
JULIA FEIJÓO OUTUMURO
Universidad de Santiago de Compostela

1. INTRODUCCIÓN

«Unida en la diversidad» (Unión Europea, 2020) es el lema que alude a la integración de culturas, tradiciones y lenguas en el continente europeo. La Unión Europa está creciendo y cuenta, a día de hoy, con 27 miembros. Para que se siga fortaleciendo el sentido de pertenencia de sus ciudadanos, se debe seguir dando pasos hacia una mayor vinculación social y territorial, que contribuya a hacer frente al aumento de desigualdades sociales y la diversidad de poblacio nes (Unión Europea, s. f.). Se necesitan cada vez más elementos de cohesión social, territorial y económica (Parlamento Europeo, s. f.) que reduzcan las disparidades entre las distintas regiones y promuevan un desarrollo armonioso en todo su territorio. Ahí es donde el patrimonio, a través de las personas que lo gestionan y difunden (Herrera, 2018), tiene un rol notable, como factor clave de la identidad compartida entre su ciudadanía.

Dentro de la Unión Europea hay diversidad de identidades que coexisten, pero también una identidad común. Para gestionar conflictos y aumentar este sentimiento colectivo es indispensable potenciar el papel de la cultura como medio que favorece la integración social y limita la marginación de personas por su situación socioeconómica, edad, identidad cultural u otras razones. Desde la Comisión Social se han puesto en marcha varias iniciativas basadas en elementos patrimoniales e identitarios para favorecer y aumentar la unión cultural de la ciudadanía. Uno de los elementos consolidados que representa el espíritu cohesionador de Europa es el Camino de Santiago. Proporciona un nexo común entre países, es vínculo de lo colectivo y eje vertebrador de identidades y sentimientos de pertenencia a una comunidad.

El Camino ha recibido numerosos reconocimientos debido al valor de sus componentes para la humanidad. Entre ellos, destaca su declaración como primer Itinerario Cultural europeo, distintivo otorgado por el Consejo de Europa el 23 de octubre de 1987, animando a su recuperación y puesta en valor, siendo ejemplo de europeidad y un espacio privilegiado de encuentro. En 1992 ICOMOS promueve su inclusión en la Lista del Patrimonio Mundial, destacando su contribución al intercambio cultural entre la península ibérica y el resto de Europa durante la Edad Media (criterio II), el impulso hacia la dotación de elementos para el bienestar espiritual y físico en las rutas en esa época (criterio IV) y el reflejo del papel relevante de la fe en la Europa de entonces (criterio VI). Un año más tarde, en su declaración como Patrimonio de la Humanidad, la UNESCO señala la riqueza de su patrimonio construido, el intercambio bidireccional de avances culturales y la influencia de la fe entre personas de distintas clases sociales y orígenes. Asimismo, lo destaca como lugar de encuentro para peregrinos, facilitando un diálogo cultural con las comunidades que transita, y como importante vía comercial y de difusión del conocimiento, apoyando el desarrollo económico y social a lo largo de sus itinerarios. El premio Príncipe de Asturias de la Concordia en 2004 destaca que su extraordinaria vitalidad espiritual, social, cultural y económica lo convierte en símbolo de fraternidad entre los pueblos y auténtico elemento común de Europa (Fundación Princesa de Asturias, 2004).

Como bien patrimonial, el Camino de Santiago cuenta con una presencia consolidada en el imaginario colectivo español (Castro-Fernández *et al.*, 2022). Sin embargo, su perspectiva monumentalista y su gran afán turístico parecen anular su potencial educativo (Lois *et al.* 2016; López *et al.* 2017). A esto hay que añadir la segregación entre la formación inicial de los docentes de Educación Primaria en España (Fontal, 2016*a*; Fontal *et al.*, 2017) y la presencia curricular del patrimonio en esta etapa educativa (Real Decreto 126/2014). Estudios anteriores parecen demostrar que a pesar de que la presencia del patrimonio había aumentado en la Ley Orgánica 8/2013, de 9 de diciembre (LOMCE) todavía era insuficiente (González, 2011; Fontal, 2011; Pinto & Molina, 2015; Ponce *et al.*, 2015). Debido a la descentralización del sistema educativo y la adaptación de cada comunidad a la ley nacional, la presencia curricular del patrimonio en España venía siendo desigual, a excepción de Andalucía, Canarias, Asturias y Navarra (Martínez & Fontal, 2020).

En relación con la importancia de promover propuestas sobre patrimonio que fomentan la formación de una ciudadanía socialmente comprometida (Carrera, 2005; Cuenca, 2014; Trabajo & Cuenca, 2017; Cuenca & Estepa, 2017; Cuenca *et al.*, 2020), el presente estudio se basa en analizar la presencia de Europa y del Camino de Santiago como elemento identitario, patrimonial y de cohesión social en el currículum vigente de Educación Primaria en España, tras la entrada en vigor de la ley educativa Ley Orgánica 3/2020, de 29 de diciembre (LOMLOE). Leaton *et al.* (2018) afirman que el programa que se debe ofrecer en el currículum tiene la responsabilidad de fomentar el conocimiento de un patrimonio común europeo y un planteamiento intercultural.

Para la realización de nuestra investigación se parte de los estudios de Fontal y Martínez (2016) y Fontal *et al.* (2017), adaptando ambas secuencias de trabajo al tema concreto del Camino de Santiago. Estas autoras analizan la frecuencia de aparición de seis términos de búsqueda en los 17 decretos de la lomce –patrimonio, identidad, inmaterial, manifestación, tradición y folclore– referidos a los niveles de Educación Primaria y Secundaria.

En nuestro caso, se lleva a cabo un análisis de 32 términos, que incluye los seis citados, en los currículums vigentes de España, LOMLOE, con excepción del País Vasco, todavía en preparación. A mayores, en el caso de Galicia, como meta del Camino de Santiago, se realiza la comparación de estos términos de búsqueda entre el antiguo decreto, LOMCE, y el vigente, LOMLOE.

El objetivo general de la investigación es conocer de qué modo los currículums escolares españoles actuales de las distintas comunidades autónomas reflejan los intereses de cohesión y armonía trazados por la Comunidad Europea como futuro deseable desde su fundación y, de modo concreto, desde el momento que se produjo la declaración del Camino de Santiago como itinerario cultural, con una relevancia indiscutible, para la construcción de una Europa cohesionada y símbolo de fraternidad entre sus integrantes. Por ello se quiere conocer qué tipo de rol juega este itinerario reflejado en el interés que le conceden los currículums. Para desarrollar este objetivo general se proponen tres objetivos específicos:

OE1- Realizar un análisis de contenido de los distintos currículums autonómicos españoles y conocer con qué tipo de cuestiones temáticas se relaciona Europa para conocer si se corresponde con las ideas de cohesión, patrimonio compartido, fomento de la ciudadanía democrática y otras como el respeto a la diversidad, la convivencia armónica, valores culturales o la sostenibilidad.

OE2- Comprobar en el análisis temático de los currículums autonómicos españoles si el Camino de Santiago es contemplado y utilizado como un recurso para los objetivos europeos de cohesión, en correspondencia con el interés materializado en su declaración patrimonial.

OE3- Realizar un análisis comparado de los currículums de Educación Primaria en Galicia, LOMCE y LOMLOE, para identificar la presencia de Patrimonio y del Camino de Santiago.

OE4- Realizar sugerencias en un apartado conclusivo derivadas de los resultados en las que se pueda mejorar el estado de la cuestión, para aproximarnos al futuro deseable de Europa y de la utilidad educativa del Camino de Santiago.

La hipótesis inicial que se maneja es que los currículums reflejan los distintos intereses de la comunidad europea a través de la presencia de una rica cantidad de perspectivas, pero esta riqueza contrasta con el grado de atención e interés que se le concede al Camino de Santiago, que sigue siendo muy escaso en estos documentos. Por otro lado, la tendencia hacia el horizonte utópico necesario en educación y en las aspiraciones de la comunidad europea puede llevar a olvidar algunos aspectos negativos o problemáticos de la sociedad actual quedando estos algo invisibilizados.

1.1. El papel de la escuela en la formación de una ciudadanía socialmente crítica

La escuela puede generar diferentes situaciones de aprendizaje que contribuyan a formar ciudadanos críticos y reflexivos. Tiene la responsabilidad de fomentar que desde edades tempranas se aprenda haciendo: «*learning to know, learning to do, learning to live together, learning to be*» (Delors, 1996). Son necesarias intervenciones que promuevan el pensamiento social, para que el alumnado sea capaz de interpretar la realidad, intervenir en la sociedad, tomar sus propias decisiones y construir una opinión argumentada, sobre todo, en relación con temas sociales relevantes que sienten la base para la construcción de una ciudadanía democrática (Heimberg, 2010). En este sentido, la educación patrimonial puede contribuir a la formación de un alumnado comprometido y competente en el plano cívico.

A nivel educativo se concibe el patrimonio desde una perspectiva simbólico-identitaria (Cuenca, 2013; 2014), como la relación que establecen las personas con los elementos que les rodean (Fontal, 2003; 2008). Se entiende como una construcción social, variable en el tiempo, sujeta a las significaciones y valores que en cada época se le quieran atribuir, que sostiene la identidad cultural de las personas. Desde la escuela se puede potenciar su dimensión humana fomentando la apropiación simbólica de bienes, objetos, memorias, historias... (Calaf & Fontal, 2004), mediante un proceso guiado de sensibilización para conocer, comprender, respetar, valorar, transmitir y conservar los elementos seleccionados (Fontal, 2003; Gómez, 2012).

A través de un modelo de enseñanza que favorezca la reflexión se puede fomentar la implicación del sujeto con el patrimonio (Copeland, 2006). Esta estrategia encuentra respaldo a través de instrumentos como el Plan Nacional de Educación y Patrimonio (Domingo *et al.*, 2013) y el Observatorio de Educación Patrimonial en España (Fontal, 2016*a*). Sin embargo, la UNESCO reclama una mayor presencia del patrimonio en los niveles educativos (Convención de Faro: Council of Europe, 2005).

El uso educativo del patrimonio es fundamental porque las personas son quienes eligen los elementos con los que quieren identificarse. Su papel es clave en la salvaguarda de la identidad cultural. Jiménez-Esquinas (2021) sostiene que una comunidad que no construye su propio patrimonio carece de una vinculación emocional que es imprescindible para participar en su gestión, sostenimiento y cuidado. Esto genera ventajas, pero también conflictos. De hecho, la perspectiva controvertida es clave para poner en marcha métodos innovadores de enseñanza, que contribuyan al desarrollo del pensamiento histórico (Domínguez, 2015; Sáiz *et al.*, 2017), y de actitudes de respeto y valoración hacia el entorno. De este modo, se construye una ciudadanía crítica con apoyo en la educación patrimonial y la educación histórica (Pagès, 2000; Pinto, 2013; Van Boxtel *et al.*, 2015; Gosselin & Livingstone, 2016; Miralles *et al.*, 2017), pues actividades que contribuyen a la valoración razonada del patrimonio facilitan tomar conciencia sobre su conservación y relevancia cultural e identitaria. Es así como desde el ámbito educativo se puede reforzar la importancia del Camino de Santiago como elemento de cohesión social de Europa.

2. Metodología

Esta investigación se enmarca en lo que Creswell y Creswell (2018) denominan *Métodos Mixtos de Investigación* porque se recogen datos de naturaleza cualitativa y cuantitativa que se autocompletan en el análisis. El procedimiento consistió en un análisis de contenido de 16 currículums autonómicos de educación primaria de España (de un total de 17) que son la concreción en las distintas comunidades autónomas de la actual ley educativa Ley Orgánica 3/2020, de 29 de diciembre (LOMLOE). No se tuvo en cuenta el currículum del País Vasco debido a que en el momento del procedimiento esta comunidad no contaba con uno específico. Un análisis de contenido según Andreu (2002, p. 2) es una buena herramienta para: «captar datos expresos (lo que el autor dice) como los latentes (lo que dice sin pretenderlo)». En este caso, para el análisis de los datos se han seguido los pasos sugeridos por la Grounded Theory (Strauss & Corbin, 2002) y se utilizó el software Atlas.ti (versión 9) para el tratamiento de datos, a fin de facilitar procesos de recuperación, codificación y análisis de una manera más efectiva y sistemática (Friesse, 2012). La herramienta específica que se ha utilizado ha sido el análisis de coocurrencias, que permite una perspectiva estadística multivariante, aunque se ha combinado con otras herramientas del mismo programa que realizan otros análisis de corte más cualitativo, como las redes semánticas o las nubes de palabras. Finalmente se exportaron los datos al programa Excel para realizar gráficos y tablas.

Se han seguido una serie de pasos para completar el análisis como sugiere Andreu (2002):

1) Se determinó el objeto o tema de análisis, que en este caso era comprobar qué palabras aparecían en conjunción con el lexema Europ* (variaciones de Europa, europeo, etc.) en los párrafos en que este se encontraba para conocer con qué palabras o expresiones era más asociado y por lo tanto cuáles eran los temas de interés que se materializan en los currículums. De modo concreto, a través de las coocurrencias, se pretendía conocer cuáles de estos temas tenían que ver con los intereses del marco común europeo en cuanto a las propuestas de cohesión, vertebración, rasgos culturales o patrimonio común y, al mismo tiempo, si esto es coherente o está equilibrado con el respeto por la diversidad de las distintas culturas integradas en la comunidad europea. De modo específico y coincidiendo con el objetivo 2, se quiso comprobar si el Camino de Santiago tiene relevancia en los documentos curriculares y de qué modo aparece mencionado.
2) Se determinaron unas reglas de codificación. Se utilizó una codificación directa, axial y selectiva (Strauss & Corbin, 2002).
3) Se determinó un sistema de categorías y subcategorías. Se realizaron siguiendo el método comparativo constante derivado de la Grounded Theory (Strauss & Corbin, 2002).
4) Se comprobó la fiabilidad del proceso a través de distintas pruebas.
5) Se realizaron inferencias a partir de los resultados obtenidos.

3. Resultados

A continuación, se ofrecen los resultados siguiendo el orden trazado en los 3 objetivos específicos.

OE1. Realizar un análisis de contenido de los distintos currículums autonómicos españoles y conocer con qué tipo de cuestiones temáticas se relaciona Europa para conocer si se corresponde con las ideas de cohesión, patrimonio compartido, fomento de la ciudadanía democrática y otras como el respeto a la diversidad, la convivencia armónica, valores culturales o la sostenibilidad

En primer lugar, en la tabla 1 se presentan los 32 términos seleccionados que se han buscado en los currículums autonómicos de educación primaria de España. En la columna central se comprueba cuál es la frecuencia de su aparición total o enraizamiento (Gr) y en la columna de la derecha cuál es la frecuencia en que aparecen vinculados a la raíz Europ*, para conocer cuáles son los ámbitos temáticos o perspectivas principales que ofrecen los documentos curriculares, en respuesta a las necesidades europeas de transitar hacia un futuro deseable. Las palabras de búsqueda se utilizaron escribiéndose parcialmente en muchas ocasiones acompañadas del símbolo (*) para que el software empleado reflejase aquellas que compartieran una semejanza, aunque esta no fuera total, automatizando algo más el procedimiento.

Tabla 1. Términos coocurrentes con la raíz EUROP. Elaboración propia*

Términos Asociados A Europ* (Gr=597)	Enraizamiento Total (Gr) del término en todos los currículums	Coocurrencia
Cultura*	Gr=5264	124
Derechos/dereitos	Gr=640	119
Ciudadan*	Gr=732	108
Diversidad*/ Heterog*	Gr=2112	101
Paz /Pacíf*	Gr=697	93
Conflict*	Gr=953	64
Cohesi*	Gr=473	55
Desarrollo sostenible	Gr=468	55
intercultural*	Gr=618	50
Valores democráticos y humanos	Gr=56	41
Empat*	Gr=713	27
Patrimoni*	Gr=1035	22
Identida*	Gr=576	14

Diversidad cultural	Gr=130	**11**
Equidad*	Gr=89	**11**
Multicultural*	Gr=101	**10**
Manifestaci*	Gr=1347	**9**
Tradicion/ón*	Gr=481	**8**
Étnic*	Gr=123	**8**
*Inmaterial**	Gr=45	**4**
*Expresi**	Gr=2968	**4**
Herencia/ Heréncia/Herdanza/legado	Gr=55	**3**
Expresión/es culturales	Gr=212	**2**
Desigualdad	Gr=151	**2**
Santiago/camino de Santiago	Gr=2	**1**
*Folclor**	Gr=38	**0**
Racismo	Gr=1	**0**
Xenófob/ Xenofob**	Gr=15	**0**
Desigualdad y género	Gr=25	**0**
Perspectiva de género	Gr=132	**0**
*Vulnerab**	Gr=20	**0**
*Memoria**	Gr=67	**0**

Se puede comprobar que los currículums españoles contienen una proliferación de términos muy diversa, lo que dificulta el análisis y, al mismo tiempo, permite una mirada inicial de optimismo debido a esta riqueza y calidad. Las 10 palabras (en negrita) que gozan de una frecuencia más alta asociadas al término *Europ** constituyen una buena selección de criterios por los que guiarse para educar con el cometido de obtener una sociedad mejor. Básicamente, todos los núcleos temáticos representados inciden principalmente en la importancia de la *cultura y las culturas*; en la *garantía de los derechos*; la formación de la *ciudadanía democrática*; la *diversidad cultural* de esta y el empleo de una *perspectiva intercultural* para *evitar los conflictos* y poder vivir en una *sociedad pacífica y cohesionada* y finalmente una sociedad que preste atención a la *sostenibilidad* de los recursos y el medio ambiente.

En segundo lugar (en gris), con frecuencias de coocurrencia algo menores se mencionan otros asuntos de interés: los *valores democráticos y humanos, la empatía, el patrimonio, la identidad, la diversidad, la equidad, la multiculturalidad, las manifestaciones culturales,* las tradiciones y los aspectos relacionados con el respeto hacia las características *étnicas.* Este segundo grupo sigue incidiendo en *valores* positivos y actitudes de respeto (*empatía*), tolerancia hacia las singularidades de las distintas comunidades (*diversidad cultural, sociedad multicultural*), las condiciones dignas de vida (*equidad*); y educar en el respeto y en valorar el enriquecimiento que proporcionan las distintas, *tradiciones* y *etnias* a través de las diversas *manifestaciones culturales* que son su consecuencia.

En tercer lugar, con una presencia expresada en frecuencias bajas (8 o < que 8, hasta una frecuencia de 1) aparecen otros términos relacionados en su mayoría con el patrimonio como: *patrimonio inmaterial, expresiones culturales*; *legado/herencia* y otros como *desigualdad.* En este tercer grupo merece atención el *Camino de Santiago* que aparece asociada a Europ* solo una vez, lo que indica en una primera apreciación que no parece ser un asunto tratado de modo principal a pesar de su interés, sino más bien de una forma puramente anecdótica.

En cuarto lugar y para finalizar se identifica una serie de términos que no han aparecido vinculados a Europ* y que representan los ámbitos temáticos, que a pesar de ser considerados relevantes por la sociedad, en el currículum no parecen tener esa importancia ni esa relación con las aspiraciones de futuro deseable de la comunidad europea. Los términos (en letra cursiva en la tabla 1) con ningún grado de coocurrencia de los que se habla son los siguientes: *folclore, racismo, xenofobia, desigualdad/perspectiva de género, vulnerabilidad y memoria.*

Estos resultados iniciales del Objetivo 1 parecen confirmar la hipótesis que preveía la riqueza de perspectivas de los currículums y la escasa atención al Camino de Santiago, aunque posiblemente no de forma tan rotunda en el segundo caso. Por otro lado, se confirma también, por lo menos de modo parcial, al considerar los términos de búsqueda y explicitados en la tabla 1, que parece que el optimismo pedagógico ha invisibilizado asuntos de suma importancia para la Europa del futuro relacionados con colectivos de personas que viven en condiciones más duras y marginales. Sin embargo, también se puede comprobar que estas palabras mencionadas tampoco gozan de una amplia presencia (nos referimos al Gr) en los currículums y ello puede ser debido a que se consideren abordadas por otras palabras de carácter más general y englobador como podría ser el caso de *derechos, ciudadanía* y *diversidad*, que cuentan con una amplia cobertura. No obstante, parece deducirse que en futuras convenciones y reformas curriculares lo deseable sería que apareciesen de modo explícito para mejorar su visibilidad y tener como consecuencia un grado más elevado de atención.

OE2. Comprobar en el análisis temático de los currículums si el Camino de Santiago es contemplado y utilizado como un recurso para los objetivos europeos de cohesión en correspondencia con el interés materializado en su declaración

Para conocer el grado de enraizamiento o presencia del Camino de Santiago en los currículums autonómicos se comienza haciendo una alusión a la anterior tabla 1, en la que se pudo comprobar que solo aparece aparejado en una ocasión al lexema *EUROP**. Este primer dato parece señalar que en los documentos curriculares se establece una relación muy anecdótica entre el valor del Camino y su interés para trabajar las necesidades de la eurozona. Si además se tiene en cuenta que la aparición total del término *Camino Santiago* en los 16 currículums está cuantificado 2 veces, vinculado solo a los documentos de Galicia y la Rioja y quedando totalmente ausente en todos los demás, el resultado cuantitativo confirma de un modo muy fiable que se ha desatendido este recurso.

En cuanto al modo en que aparece se ofrecen sus datos de localización y se ofrece el extracto textual en forma de cita que indica el modo en que se recomienda su utilización. Esta información cualitativa completa la cuantitativa. Es viable ofrecerla íntegra aquí debido al escaso número de extractos textuales que se han localizado.

1- En el primer caso aparece en el Bloque B4.6. como un contenido del área de Ciencias Sociales en el 5.º curso (3.º ciclo) relacionado de modo estrecho con la temática del tiempo histórico, la Edad Media, los estilos arquitectónicos y con otros contenidos histórico-artísticos:

Cita-11: 486, p. 476 en lomloe Galicia.pdf, página 49689 B4.6. *O tempo histórico na Idade Media: o Camiño de Santiago, o Románico e o Gótico, duración e feitos históricos, papel representado por suxeitos históricos (individuais e colectivos), acontecementos e procesos.*

2-En el segundo caso el término *Camino de Santiago* aparece localizado en el área de Lengua Extranjera de la Comunidad de La Rioja relacionado con el importante rol que juega y ha jugado para mejorar la comunicación en diversas lenguas, la interculturalidad y el impacto positivo que ello tiene para el desarrollo de la sociedad europea:

Cita- 12:179, p. 11608 en LOMLOE la Rioja.pdf. Por lo tanto, la comunicación en distintas lenguas resulta clave en el desarrollo de esa cultura democrática. En la idea de un Espacio Europeo de Educación, la comunicación en más de una lengua evita que la educación y la formación se vean obstaculizadas por las fronteras, y favorece la internacionalización y la movilidad, además de permitir el descubrimiento de otras culturas, ampliando las perspectivas del alumnado. La Rioja, considerada cuna del español desde el hallazgo de Las Glosas Emilianenses, origen de los primeros vestigios del euskera e importante enclave en el Camino de Santiago, que viene acogiendo peregrinos europeos durante siglos, impulsará la interculturalidad a través de la adquisición y el desarrollo de la competencia plurilingüe.

OE3. Realizar un análisis comparado de los currículums de Educación Primaria en Galicia, LOMCE y LOMLOE, para identificar la presencia de Patrimonio y del Camino de Santiago

En la tabla 2 se presentan los 24 términos seleccionados que tienen el objetivo de desvelar el modo en que se haya presente el patrimonio en los dos currículums autonómicos de educación primaria de Galicia más recientes, LOMCE y LOMLOE.

Se utilizan los seis vocablos utilizados en el trabajo de Fontal *et al.* (2017) y además otros 18, debido a que puede haber variaciones debido a la lengua gallega utilizada para los análisis. Se realiza una comparación de frecuencias de aparición de los 24 términos en cada documento para ver qué cambios o permanencias se detectan. En la columna derecha aparecen los términos buscados, en la columna central se muestran las frecuencias de aparición de estos términos en el currículum LOMCE y en la de la derecha las frecuencias de aparición en el currículum LOMLOE. Los términos de búsqueda se utilizaron escribiéndose parcialmente en muchas ocasiones acompañadas del símbolo (*) para que el software buscador de palabras reflejase aquellas que compartieran una semejanza, aunque esta no fuera total, y obtener una búsqueda temática más exhaustiva. Las frecuencias coloreadas indican las mayores y facilitan el visionado de los datos. El color verde se asocia al currículum LOMLOE y el color siena se asocia al currículum LOMCE.

Siguiendo esos criterios se ofrecen los resultados de todos los términos. Se comienza por los que han experimentado un aumento de su presencia en el currículum actual LOMCE, lo que podría significar que el interés por estas temáticas se ha ampliado y por lo tanto podrían tener un potencial de condicionar, en mayor medida, el tratamiento educativo del patrimonio.

En primer lugar, los términos que aumentan su presencia e interés en el currículum gallego ordenados por la frecuencia asociada a su crecimiento son: *cultura* (227 a 500); *entorno* (de 97 a 298); *manifestación* (de 37 a 184); *identidad* (de 15 a 85); *natural* (65 a 115); *patrimonio* (de 33 a 59); *conservación* (33 a 54); *intercultural* (de 15 a 34), *fiestas* (de 10 a 13), *herdanza/herencia* (de 5 a 6); e *inmaterial* (de 0 a 1). Considerando estos datos se ha incrementado la necesidad de enfocar el patrimonio como un hecho cultural, en forma de manifestaciones culturales, donde la perspectiva identitaria predomina. Además, se demuestra que el término *patrimonio* incrementa su presencia explícita y los aspectos con los que se lo caracteriza en mayor medida en el documento curricular son su cariz natural, el interés por su conservación y una perspectiva intercultural del mismo. Han aumentado su interés también, aunque de modo insignificante o inapreciable lo que tiene que ver con su significado de herencia, su relación con las fiestas y su carácter inmaterial, que prácticamente sigue desatendido.

Tabla 2. Análisis comparado de los currículums LOMCE *y* LOMLOE *de Galicia. Presencia del patrimonio y del Camino de Santiago en ellos. Elaboración propia*

Términos de búsqueda	***Currículum LOMCE**	***Currículum LOMLOE**
	Frecuencia	**Frecuencia**
Patrimonio	33	59
Herdanza	5	6
*Tradici**	53	47
*Folclor**	5	1
*Cultura**	227	500
*Manifestaci**	37	184
Identidade	15	85
Pasado	34	18
Memoria	6	6
Museo	17	1
Paisaxe	30	4
Contorna	97	298
Devanceiros	2	0
Conservación	33	54
Natural	65	115
*Históric**	63	27
Inmaterial	0	1
Arqueolóxico	5	0
*Monument**	9	0
Costumes	15	8
*Intercultura**	15	34
Pobo	40	6
Festas	10	13
Camino de Santiago	2	2

En segundo lugar, se ofrecen los resultados relacionados contrarios a los anteriores; los términos que expresan temáticas o enfoques sobre el patrimonio que han perdido importancia o interés en el currículum o no han variado en ningún sentido. Así, los que han perdido interés por orden decreciente son: *pueblo* (que pasa de aparecer 40 a 6), *paisaje* (de 34 a 4), *histórico* (de 63 a 27), *pasado* (de 34 a 18), *museo* (de 17 a 1), *tradición* (de 53 a 47 veces), *monumento* (de 9 a 0), *costumbres* (de 15 a 8), *arqueológico* (de 5 a 0), *folclore* (de 5 a 1), y *devanceiros* (de 2 a 0). Teniendo en cuenta los datos, las temáticas derivadas de las palabras que aparecen menos, y que por lo tanto tienen menos potencial para condicionar el tratamiento educativo del patrimonio, indicarían que las perspectivas sobre el patrimonio quieren alejarse de lo popular, lo tradicional, lo folclórico, lo relacionado con las costumbres, su relación con el pasado, la perspectiva arqueológica, lo museístico, su carácter de monumento y los antepasados.

Para finalizar, se constata que las palabras *memoria* (de 6 a 6) y *Camino de Santiago* (de 2 a 2) no aumentan ni decrece su interés.

En cuanto a la presencia del Camino de Santiago en los currículums educativos autonómicos españoles, se ofrecen los datos del estudio comparativo de los dos currículums más recientes de Galicia. El motivo de este proceder es debido a que esta comunidad es el final del itinerario y todo lo relacionado con él adquiere un elevado interés para el patrimonio y la cultura gallega.

Los datos cuantitativos aparecen en la tabla 2. En ella se aprecia que el Camino de Santiago aparece una vez en cada currículum (se habla de los currículums LOMCE y LOMLOE). De ello puede inferirse que el interés que reflejan ambos documentos sobre el Camino, publicados con siete años de diferencia, es básicamente anecdótico y no ha habido cambios *salientables*. Se procede, al igual que en el caso anterior, a mostrar las citas que constituyen la evidencia empírica del análisis y nos indican la localización en el documento curricular, en qué área temática, curso y cuál es el tratamiento que recibe.

Así, y para evitar reiteraciones de la información, en el currículum lomce aparece localizado en el Bloque 4.6. en el apartado de contenidos asociados al área de Ciencias Sociales en el 5º curso. Por su parte, en el currículum posterior, LOMLOE, también aparece en el bloque 4 en el apartado de contenidos asociados de nuevo al área de ciencias sociales en el 5º curso. En ambos casos se vincula al Camino con los estilos arquitectónicos y los contenidos del área de Historia. La diferencia a destacar es que en el documento más antiguo (LOMCE) se insta de modo explícito a realizar un trabajo de investigación/exposición con el Camino y en el documento LOMLOE se omite esta cuestión y se habla de los roles de sujetos históricos y acontecimientos:

> 1:3827(contenido de la cita en lomce) - *O Camiño de Santiago. O Románico. O Gótico. Proposta de realización dunha investigación e exposición sobre o Camiño de Santiago.*
> 3:953 (contenido de la cita en LOMLOE) - *O tempo histórico na Idade Media: o Camiño de Santiago, o Románico e o Gótico, duración e feitos históricos, papel representado por suxeitos históricos (individuais e colectivos), acontecementos e proceso.*

4. Conclusión

En cumplimiento del objetivo específico 4 se presentan conclusiones derivadas de los resultados para mejorar el estado de la cuestión y aproximarnos al futuro deseable de la utilidad educativa del Camino de Santiago como elemento de cohesión social.

Se confirma la hipótesis inicial de que los currículums autonómicos españoles recogen los valores de la comunidad europea desde distintas perspectivas, pero estas referencias no guardan relación con la dimensión integradora del Camino de Santiago. El Camino prácticamente no aparece en el contexto normativo, lo que llama aún más la atención en el caso de Galicia, en tanto que meta jacobea. Tampoco se corresponde con las ideas de patrimonio compartido, ciudadanía democrática, diversidad y valores culturales. Por su parte, la presencia curricular del patrimonio parece alejarse de la perspectiva monumentalista y tradicionalista y aproximarse a su consideración como hecho cultural con predominio de la perspectiva identitaria. En esta línea es deseable que se impulse una presencia más explícita del Camino en el currículum y su asociación a Europa y a la idea de identidad común, a efectos de promover prácticas de educación patrimonial que refuercen los valores de su dimensión cultural.

Entre las implicaciones educativas del estudio se pueden citar: a) fomentar el tratamiento del Camino de Santiago a través de proyectos de sensibilización patrimonial (Fontal, 2003) e identización cultural (Gómez, 2012); b) impulsar el empleo de métodos activos de aprendizaje para reforzar el compromiso y la responsabilidad social hacia el Camino de Santiago (Gómez *et al.*, 2018; Gómez & Rodríguez, 2014); c) resignificar de manera crítica el Camino de Santiago como construcción social (Prats, 1997) y vínculo emocional (Fontal, 2003 y 2020).

A nivel prospectivo, la presente investigación puede tener continuidad a través de la ampliación del análisis realizado a los currículums de Educación Primaria de Europa, que permita establecer una comparativa entre ellos e identificar la relevancia del Camino de Santiago a nivel internacional. También sería conveniente realizar un análisis del uso educativo del Camino de Santiago en unidades didácticas y libros de texto, que contribuya a identificar las perspectivas patrimoniales con las que mayoritariamente se asocia este itinerario cultural, las estrategias de enseñanza y aprendizaje más empleadas en su tratamiento didáctico, así como las principales dificultades para incorporar la ruta jacobea como contenido transversal en la Educación Primaria.

Agradecimientos

Grupo de Referencia Competitiva gi-1667-RODA (2021-PG023) Ref.ED431C 2021/05 de la Universidad de Santiago de Compostela.

Bibliografía

Andreu Abela, J. (2002). *Las técnicas de análisis de contenido: una revisión actualizada.* Fundación Centro de Estudios Andaluces.

Calaf, R. y Fontal, O. (2004). *Comunicación educativa del patrimonio: referentes, modelos y ejemplos.* Trea.

Carrera, G. (2005). La evolución del patrimonio (inter) cultural: políticas culturales para la diversidad. En *Patrimonio inmaterial y gestión de la diversidad* (pp. 15-29). Junta de Andalucía.

Castro-Fernández, B., Jiménez-Esquinas, G. y López-Facal, R. (2022). Teacher Training Via Debate on the Way of St. James as Controversial Heritage. *Frontiers, Education.* https://doi.org/10.3389/feduc.2021.823122

Consejo de Europa (1987). *The Santiago of Compostela Declaration 23 October 1987.* Council of Europe Portal. https://www.coe.int/es/web/cultural-routes/reference-texts-and-conventions

Council of Europe (2005). *Framework Convention on the Value of Cultural Heritage for Society (27.X.2005),* 199. Council of Europe Treaty Series. http://conventions.coe.int/Treaty/EN/Treaties/Html/199.htm

Copeland, T. (2006). *European Democratic Citizenship, Heritage Education and Identity.* Council of Europe.

Creswell, J. W. y Creswell, J. D. (2018). *Research design: Qualitative, quantitative, and mixed methods approaches.* SAGE Publications.

Cuenca, J. (2013). La educación patrimonial: líneas de trabajo actual y nuevas perspectivas. En J. Estepa (ed.) *La educación patrimonial en la escuela y museo: investigación y experiencia,* (pp. 343-355. Universidad de Huelva.

––––– (2014). El papel del patrimonio en los centros educativos: hacia la socialización patrimonial. *Tejuelo, 19,* 76-96. http://rabida.uhu.es/dspace/handle/10272/7927

Cuenca, J. M. y Estepa, J. (2017). Educación patrimonial para la inteligencia territorial y emocional de la ciudadanía. *Midas, 8.* https://doi.org/10.4000/midas.1173

Cuenca, J. M., Cáceres, M. y Estepa, J. (2020). Buenas prácticas en educación patrimonial. Análisis de las conexiones entre emociones, territorio y ciudadanía. *Aula abierta 49*(1), pp. 45-54. https://doi.org/10.17811/rifie.49.1.2020.45-54

Delors, J. (1996). The Four Pillars of Education. En *Learning: The Treasure within (unesco). Report to unesco of the International Commission on Education for the Twenty-first Century (highlights).* unesco. https://unesdoc.unesco.org/ark:/48223/pf0000109590

Domingo, M., Fontal, O., Cirujano, C. y Ballesteros, P. (2013). *Plan Nacional de Educación y Patrimonio.* Ministerio de Educación, Cultura y Deporte.

Domínguez, J. (2015). *Pensamiento histórico y evaluación de competencias.* Graó.

Fontal, O. (2003). *La educación patrimonial. Teoría y práctica para el aula, el museo e Internet.* Trea.

––––– (2008). La importancia de la dimensión humana en la didáctica del patrimonio. En S. Mateos (ed.) *La comunicación global del patrimonio cultural,* pp. 53-109. Trea.

––––– (2011). El patrimonio en el marco curricular español. *Revista de Patrimonio Cult. de España,* (5), pp. 21-44.

––––– (2016*a*). El patrimonio a través de la educación artística en la etapa de primaria. *Arte, Individuo y Sociedad, 28* (1), 105-120. https://doi.org/10.5209/rev_ARIS.2016.v28.n1.47683

––––– (2016*b*). The Spanish Heritage Education Observatory / El Observatorio de Educación Patrimonial en España. *Cultura y Educación 28* (1), pp. 254-266. https://doi.org/10.1080/11356405.2015.1110374

––––– El patrimonio. De objeto a vínculo. En Fontal, O. (ed.), *Cómo Educar en el Patrimonio. Guía Práctica Para el Desarrollo de Actividades de Educación Patrimonial* (pp.11-25). Comunidad de Madrid. https://www.comunidad.madrid/cultura/patrimonio-cultural/libro-educar-patrimonio

----- y Martínez, M. (2016). *Análisis del tratamiento del Patrimonio Cultural en la legislación educativa vigente, tanto nacional como autonómica, dentro de la educación obligatoria*. IPCE.

Fontal, O., Ibáñez, A., Martínez, M., y Rivero, P. (2017). El patrimonio como contenido en la etapa de Primaria: del currículum a la formación de maestros. *Revista electrónica Interuniversitaria de Formación del profesorado, 20* (2), pp. 79-95. https://doi.org/10.6018/reifop/20.2.286321

Fundación Princesa de Asturias. (2004). *Camino de Santiago. Premio Príncipe de Asturias de la Concordia 2004*. https://www.fpa.es/es/premios-princesa-de-asturias/premiados/2-004-camino-de-santiago.html?texto=trayectoria&especifica=0

Friesse, S. (2012). *Qualitative data analysis with ATLAS. ti.* SAGE Publications.

Gómez, C. (2012). Identización: la construcción discursiva del individuo. *Arte, Individuo y Sociedad, 24*(2), 21-37. https://doi.org/10.5209/rev_ARIS.2012.v24.n1.38041

----- y Rodríguez, R. (2014). Aprender a enseñar ciencias sociales con métodos de indagación. Los estudios de caso en la formación del profesorado. *Redu, 12*(2), pp. 307-325. https://doi.org/10.4995/redu.2014.5651

Gómez, C., Ortuño, J. y Miralles, P. (2018). *Enseñar ciencias sociales desde métodos activos. Propuestas y experiencias desde la indagación*. Octaedro.

González, N. (2011). La presencia del patrimonio cultural en los currícula de educación infantil, primaria y secundaria obligatoria en España. *Revista de Patrimonio Cultural de España, 5*, 59-74. https://dialnet.unirioja.es/metricas/documentos/ARTREV/4371160

Gosselin, V. y Livingstone, P. (2016). *Museums and the Past. Constructing Historical Consciousness*. UBC Press.

Herrera, J. (2018). *Información europea de Castilla y León*. Junta de Castilla y León. https://eucyl.jcyl.es/web/jcyl/Eucyl/es/Plantilla100Detalle/1277999678552/Noticia/1-284800928448/Comunicacion

Heimberg, C. (2010). Cómo puede orientarse la educación para la ciudadanía hacia la libertad, la responsabilidad y la capacidad de discernimiento de las nuevas generaciones. *Íber Didáctica de las Ciencias Sociales, Geografía e Historia, 64*, pp. 48-57.

Jiménez-Esquinas, G. (2021). *Del paisaje al cuerpo. La patrimonialización de la Costa da Morte desde la antropología feminista*. Universidad del País Vasco.

Leaton, S., Scott, D., y Mehisto, P. (2018). *Curriculum Reform in the European Schools*. Palgrave-Macmillan.

Lois, R.C., Castro, B. y López, L. (2016). From Sacred Place to Monumental Space: Mobility along the Way to St. James. *Mobilities, 11* (5), pp. 770-788. https://doi.org/10.1080/17450101.2015.1080528

López, L., Lois, R.C. y Castro, B. (2017). Spiritual Tourism on the Way of Saint James the Current Situation. *Tourism Manage, Perspectives,* 24, pp. 225-234. https://doi.org/10.1016/j.tmp.2017.07.015

Martínez, M. y Fontal, O. (2020). Dealing with Heritage as Curricular Content in Spain's Primary Education. *The Curriculum Journal, 31*(1), pp.77-96. https://doi.org/10.1002/curj.7

Miralles, P., Gómez, C. y Rodríguez, P. (2017). Patrimonio, competencias históricas y metodologías activas de aprendizaje: Un análisis de las opiniones de los docentes en formación en España e Inglaterra. *Estud. Pedagóg, 43* (4), pp. 161-184. http://dx.doi.org/10.4067/S0718-07052017000400009

Parlamento Europeo. (s. f.). *La cohesión económica, social y territorial.* https://www.europarl.europa.eu/factsheets/es/sheet/93/la-cohesion-economica-social-y-territorial

Pagès, J. (2000). La formación inicial del profesorado para la enseñanza del patrimonio histórico y de la Historia. *Treballs d'Arqueologia, 6*, pp. 205-2017.

Pinto, H. (2013). Usos del patrimonio en la didáctica de la historia: perspectivas de alumnos y profesores portugueses relativas a identidad y conciencia histórica. *Educatio Siglo XXI 31(1)*, pp. 61-88. https://revistas.um.es/educatio/article/view/175341

----- y Molina, S. (2015). La educación patrimonial en los currículos de ciencias sociales en España y Portugal. *Educatio Siglo XXI, 33*, pp. 103-128. https://doi.org/10.6018/j/222521

Ponce, A., Molina, S. y Ortuño, J. (2015). La ausencia de lo patrimonial en la formación de maestros: un estudio en el Grado de Educación Primaria en la Universidad de Murcia. En A. Hernández, C. R. García, J. De La Montaña (eds.) *Una enseñanza de las ciencias sociales para el futuro: recursos para trabajar la invisibilidad de personas, lugares y temáticas* (pp. 567-575). Universidad de Extremadura y aupdcs.

Prats, L. (1997). *Antropología y Patrimonio.* Ariel.

Real Decreto 126/2014, de 4 de septiembre, por el que se establece el currículo de la educación primaria en la Comunidad Autónoma de Galicia. Diario Oficial de Galicia, 171, de 9 de septiembre de 2014. https://www.xunta.gal/dog/Publicados/2014/20140909/AnuncioG0164-050914-0005_es.html

Sáiz, J., Gómez, C. y López, R. (2017). Narrativas nacionais e competência histórica na formacão inicial de professores primários espanhóis. *Tempo & Argumento, 9* (22), pp. 174-197. http://dx.doi.org/10.5965/2175180309222017174

Trabajo, M y Cuenca, J. (2017). La educación patrimonial para la adquisición de competencias emocionales y territoriales del alumnado de enseñanza secundaria. *Pulso: revista de educación, 40*, pp. 159-174. https://dialnet.unirioja.es/servlet/articulo?codigo=6294109

Unión Europea. (2020). *El lema de la ue.* https://european-union.europa.eu/principles-countries-history/symbols/eu-motto_es

----- (s. f.). *Cohesión y bienestar. https://culture.ec.europa.eu/es/policies/selected-themes/cohesion-and-well-being*

Van Boxtel, C., Grever, M. y Klein, S. (2015). Heritage as a Resource for Enhancing and Assessing Historical Thinking: Reflections from the Netherlands. En K. Ercikan y P. Seixas (eds.) *New Directions in Assessing Historical Thinking*, pp. 40-50. Routledge.

De la transferencia de conocimiento al diálogo de saberes: la ciencia como contexto para la creación de comunidades de aprendizaje transformadoras*

MARGARITA FERNÁNDEZ MIER
JESÚS FERNÁNDEZ FERNÁNDEZ
Universidad de Oviedo

1. INTRODUCCIÓN

Una sociedad globalizada y con infinitos canales de interconexión en la que el conocimiento desempeña un papel fundamental y al cual podemos tener acceso a través de múltiples medios. Esta omnipresencia del saber impuso una imprescindible reflexión sobre la formación educativa, ya que el sistema de enseñanza imperante en el siglo XX no respondía a las demandas de esta sociedad en continua transformación. De ahí que surgiese la necesidad considerar otros tipos de formación educativa –más allá de aquella que recibimos en las instituciones de enseñanza formal– que vamos adquiriendo a lo largo de nuestra vida y que han sido definidos como enseñanzas no formales e informales que nos capacitan como seres sociales, concienciados y activos. Las recomendaciones del Consejo de Europa de 2018 insisten en la necesidad incorporar la educación no formal e informal de cara al desarrollo del pensamiento crítico, las capacidades analíticas, la creatividad, la resolución de problemas y la resiliencia que nos ayudan a definirnos como ciudadanos.

* Este trabajo ha sido realizado en el marco del proyecto de investigación ENCOMI: "En nombre de la comunidad. Comunidades campesinas en áreas de montaña: definición territorial, gestión colectiva y lugares centrales en la formación de las identidades locales". PID2020-112506GB-C43, financiado por el Ministerio de Ciencia e Innovación del Gobierno de España.

A pesar de que estos conceptos han llegado a la universidad española recientemente –y en cierta medida han estado presentes en la reforma de los grados universitarios que se iniciaron a fines de la década pasada–, la reflexión sobre este tipo de enseñanzas se remonta a mediados del siglo xx, en el contexto de los importantes cambios sociales que se producen en los países occidentales. El sistema educativo tradicional se enfrentaba a la necesidad de responder a las nuevas circunstancias sociopolíticas y culturales, de las cuales los modelos de enseñanza tradicionales estaban bastante alejados, y no eran suficientes para enfrentarse a las nuevas demandas sociales (Colley *et al.* 2003).

En este contexto se empezó a poner la vista en otras formas de adquirir conocimiento iniciándose una amplia discusión sobre cómo definir y delimitar distintos ámbitos educativos y, en función de qué conceptos, categorizarlos. Existe una amplia bibliografía que ha utilizado distintos parámetros para delimitar estas tres formas de educación: desde el grado de estructuración de la enseñanza, el control que tiene el individuo sobre el aprendizaje, las características de los programas ofrecidos en cada uno de los tipos de enseñanza y los procesos de evaluación de la adquisición de los contenidos, sin olvidar otras variables como la motivación, la necesidad de activar los conocimientos previos, las implicaciones emocionales del proceso educativo y la búsqueda de una toma de conciencia con la problemática tratada, que serán más activas en la educación no formal e informal frente a un falta de flexibilidad de las enseñanzas formales (Asenjo *et al.*, 2012).

Nuestro objetivo en este artículo no es profundizar en estos conceptos, sino que los utilizaremos como una herramienta que permita caracterizar las distintas iniciativas de enseñanza/aprendizaje que hemos puesto en marcha, paralelas a nuestras investigaciones históricas, siendo conscientes de la falta de una clara diferenciación entre las tres categorías y considerando que los límites se diluyen en la práctica. Creemos que existe, y debe existir, una continua interacción entre ellas, máxime teniendo en cuenta la globalización y que buena parte de los problemas son comunes a toda la sociedad, aunque las iniciativas educativas se deban adaptar a las particularidades de los territorios en los que se implementa el proceso de enseñanza/aprendizaje.

Generalmente se considera educación formal aquella ofrecida por organizaciones públicas y privadas que está estructurada y planificada, incluyendo la formación profesional, la educación de necesidades especiales y la educación de adultos. La educación no formal sería institucionalizada, intencionada y organizada por un centro de educación, siendo una alternativa de formación a lo largo de toda la vida. Se incluyen en ella todo tipo de cursos o talleres y generalmente se la asimila con la educación extraescolar. La educación informal incluye cualquier tipo de aprendizaje a lo largo de la vida que se da en el ámbito cotidiano de los individuos, con predominio de lo experiencial y práctico, y que se obtiene tanto en el día a día como en los ámbitos laborales que, a su vez, son de gran importancia como retroalimentación de las enseñanzas formales y no formales (Criado Aguilera, Pérez Díaz, 2022; Alegría Continente, 2022).

A la hora de analizar la educación informal se pone el acento en las amplias posibilidades que ofrece la revolución tecnológica y los procesos relacionados con las redes sociales y la globalización, marco que aporta un conocimiento más poliédrico y orientado a otras habilidades que generalmente no son abordadas en la enseñanza formal. Sin embargo, desde nuestra experiencia particular, queremos llamar la atención sobre este concepto ante las posibilidades que tiene para valorar otro tipo de conocimiento relacionado con el mundo rural y la gestión del territorio. Ante los retos a los que se enfrenta una buena parte del mundo rural, tanto de carácter medioambiental como social, debido a los procesos de despoblación a los que va asociada la pérdida de la memoria de la gestión de los territorios que se abandonan, es necesario activar todo ese conocimiento acumulado por las comunidades locales sobre su territorio a través de herramientas relacionadas con la educación no formal e informal que permitan convertirlo en un activo para la sociedad y que, necesariamente, ha de interactuar con las otras formas de educación, buscando canales de trasmisión que amplíen, complejicen y abran el abanico de tipos de conocimiento que han de ser rescatados en el medio rural y a los cuales podemos acceder a través del concepto de enseñanzas informales y poner en relación mediante el «diálogo de saberes» (de Sousa Santos, 2014). Más adelante ampliaremos esta discusión.

2. La transferencia de conocimiento de la investigación científica

Paralelamente a la discusión sobre las formas de adquirir conocimiento, también hemos asistido en los últimos años a una profunda reflexión sobre el concepto de transferencia de conocimiento y sobre los distintos canales que se pueden implementar para hacer partícipe a la sociedad de los avances en la investigación. En este contexto, sin duda, la actividad investigadora desarrollada en la universidad es uno de los principales actores de generación de conocimiento, siendo la docencia su principal vía de transferencia, pero también hay otras formas a través de las cuales se deben aportar soluciones a las distintas problemáticas sociales, bien sean las tecnológicas que demandan las empresas, o planteando propuestas a las distintas encrucijadas de la sociedad globalizada (Arias Pérez, 2011).

De hecho, cada vez es mayor la presión ejercida sobre las universidades y los investigadores para demostrar su capacidad de transferencia de conocimiento, especialmente en las ciencias y la tecnología, lo que también ha suscitado el debate sobre el giro al que se han visto obligadas las universidades, que se convierten en instituciones al servicio del neoliberalismo, generando negocios de carácter mercantil y financiero que canalizan toda la investigación hacia la demanda de las empresas (Galcerán 2010), abandonando otros enfoques que no tienen una rentabilidad inmediata, cuyos resultados son menos tangibles y mensurables, como ocurre con las ciencias sociales y las humanidades y que implican a un buen número de agentes que en buena medida dificultan la comprensión del valor social que generan (Olmos-Peñuela *et al.* 2014).

Estos cambios en la demanda de conocimiento por parte de la sociedad en general han traído consigo también una reflexión sobre cómo se concibe la generación de la ciencia, pasando de lo que se conoce como el Modo o Ciencia 1 al Modo o Ciencia 2. De acuerdo con esta clasificación, el Modo 1 se caracterizaría por una ciencia que atendería a los intereses académicos de una comunidad específica, se limitaría a una sola disciplina de investigación, hay homogeneidad entre los actores implicados en la investigación y las universidades tienen una posición jerárquica en el desarrollo de los proyectos. La propuesta de Ciencia 2 insiste en la generación de conocimiento en un contexto concreto de aplicación, intentando dar respuesta a problemáticas concretas, buscando la transdisciplinariedad y la heterogeneidad de los actores que participan en el proceso, lo que significa que la universidad pierda su posición jerárquica, buscando organizaciones más planas que den protagonismo a otros actores. Por supuesto en este modelo se da mayor preeminencia a determinadas líneas de investigación y en la valoración de los resultados se tienen en cuenta intereses económicos, políticos y sociales (Gibbons *et al.* 1994; Gibbons 1998).

Sin duda, este cambio de paradigma implica dar el paso a comprender la generación de conocimiento científico como un proceso social en el que están implicados múltiples actores, siendo la universidad uno más y con la obligación de mantener un diálogo constante con la sociedad. Sin embargo, estos nuevos modelos generalmente han derivado en una mercantilización de la actividad universitaria y de la transferencia de conocimiento, ya que la universidad, afectada por la congelación de la financiación pública, se vio en la necesidad de competir por fondos y alumnos cayendo en un capitalismo académico en el que los mercados rigen la investigación y buena parte de la actividad se enfoca a obtener una rentabilidad inmediata, pasando a un segundo término o teniendo una representación secundaria toda actividad que suponga la generación de un pensamiento crítico y, por supuesto, alternativo a la situación dominante (Unceta *et al.* 2022).

Esto coloca en una encrucijada a las universidades que se ven abocadas a tomar iniciativas semejantes a las de las empresas de negocios, encauzando su transferencia de conocimiento hacia actividades de las que se apropia principalmente el sector privado y que, a menudo, tienen el respaldo de los Estados, que así orientan la investigación hacia determinados sectores. De esta manera las universidades corren el riesgo de perder su autonomía y convertirse en instituciones neoliberales, al servicio de las demandas de las empresas, tanto por la generación de productos comercializables como por la formación de trabajadores que se ajusten a los perfiles exigidos. Incluso canalizando la producción científica hacia determinadas revistas y editoriales que elevan los costes de suscripción y que se benefician económicamente de una producción científica que es financiada con fondos públicos y que debería revertir directamente en la sociedad, y no ser apropiada por algunos sectores (Unceta *et al.* 2022).

Frente a este capitalismo académico defendemos la opción de seguir apostando por una investigación diversa, orientada a los múltiples retos a los que se enfrenta la sociedad. Son problemáticas en las que las ciencias sociales y las humanidades deben tener un papel relevante, defendiendo una verdadera implicación en los problemas colectivos y con vocación de contribuir a la generación de conocimiento y formación de ciudadanos críticos capaces de comprometerse con un futuro más acorde con la justicia social y el desarrollo sostenible.

Como ya se apunta en el modelo de Ciencia 2, la generación de conocimiento es un acto de carácter social, lo cual también entronca con esa idea del aprendizaje a lo largo de toda la vida, ya que resulta de cómo los investigadores actúan con el medio y de la propia formación que han adquirido, siendo necesarios mecanismos de interacción y relación para que el proceso llegue a buen término. Dado que es el resultado de estas prácticas sociales, podemos considerar que es un «bien común» y como tal debe beneficiar a toda la sociedad, dando respuesta a los grandes desafíos de un mundo globalizado y evitando una explotación mercantil que acaba beneficiando solo a un determinado sector, las empresas (Galcerán, 2010).

3. Problemáticas europeas en el marco de la globalización. El estudio de las comunidades locales

Por otro lado, además de nuevas reflexiones sobre la educación en el espacio europeo y la transferencia de conocimiento, no podemos olvidar la existencia de toda una serie de problemáticas que se han acelerado en los años recientes y que exigen una política activa desde la Unión Europea, siendo una de estas cuestiones la definición identitaria de los individuos dentro del territorio, con los profundos cambios que están produciendo los movimientos de población.

La primera expresión identitaria de los individuos tiene que ver con la comunidad en la que nacen y el territorio adscrito a esa comunidad, que es el que permite su sustento. En torno a ese territorio se anudan determinadas relaciones sociales, se crean normas que gestionan las dependencias, privilegios y obligaciones y sobre él se compone una cosmovisión compartida por toda la comunidad que le permite sentirse partícipe de un todo y que favorece la revitalización de los particularismos, de lo que identifica a esa comunidad: desde lo económico a lo político, pasando por lo cultural. Esta relación primaria con el territorio no es única, la pertenencia de los individuos a una comunidad supone la implicación en distintas entidades de carácter supralocal en las que se integran, generando así identidades múltiples, que solo han de ser entendibles si descendemos en la escala de análisis. Por ello son necesarias aproximaciones multiescalares que permitan comprender las singularidades de los individuos dentro de esas entidades y de los territorios dentro de los estados y de la globalidad, favoreciendo el entendimiento y el diálogo entre los distintos niveles (Jonas, 2010).

Uno de los principales retos de la UE es abordar el actual problema de la integración de la inmigración, que ha contribuido a un drástico cambio de las comunidades locales, tanto las urbanas como las rurales; de hecho, buena parte de las líneas de investigación de los proyectos europeos se orientan precisamente a este reto social, que ha supuesto volver la vista a las formas de gobernanza del espacio local, interrogándose sobre sus conflictos, tensiones, jerarquizaciones y sobre su pasado para dar respuesta a los nuevos retos que se plantean a nivel local para diseñar herramientas participativas y que favorezcan la convivencia .

Sin duda, la problemática de la relación de las comunidades con el territorio y su conceptualización es muy distinta en el medio urbano, donde podemos decir que se está produciendo un proceso de desterritorialización al ser cada vez más reducido el espacio en el que se desarrolla la actividad –barrios o urbanizaciones– a pesar del cada vez mayor tamaño de las ciudades; sin embargo, en el espacio rural los códigos de uso y propiedad a menudo entran en contradicción con la concepción que tiene el estado de la gestión del territorio y, por supuesto, también con las nuevas entidades políticas que se generan a nivel supranacional, que han de legislar sobre comunidades locales muy variadas y con un amplio espectro de problemáticas, de ahí el creciente interés en el estudio de las comunidades locales, a pesar de la complejidad que se esconde tras dicho concepto (Fernández Mier y Rebollar Flecha, 2022).

Todo ello ha supuesto activar líneas de investigación sobre dichas comunidades que insisten en la comprensión de los particularismos, pero también en los elementos en común, apostando en muchos casos por la reactivación de la administración local y abordando de forma compleja cómo se han de gestionar los bienes que son de la colectividad, especialmente tras la influyente obra de Ostrom (1990) sobre los bienes comunes.

Y en este contexto, no menos relevante es el creciente interés sobre la sostenibilidad de la gestión de los recursos y el profundo cambio ambiental, climático y global que estamos viendo en la actualidad y que nadie puede negar. La entrada en vigor de la Agenda 2030 de las Naciones Unidas, adoptada por la comunidad internacional en septiembre de 2015 y el Global Action Programme de la unesco, apuestan por el concepto del desarrollo global y humano sostenible, en el que deben participar todos los agentes sociales, desde el sector gubernamental a las empresas y organizaciones sociales y que tiene implicación a distintos niveles: internacional, nacional, regional y local, siendo de especial relevancia potenciar su inclusión en la agendas educativas, desde los niveles básicos al ámbito universitario.

No cabe duda que la mirada sobre cómo se accede y se aprovechan los recursos ha cambiado drásticamente en las última década, ha comenzado a dar valor a unas prácticas de gestión que hace escasos años eran consideradas reflejo de una sociedad atrasada y que en la actualidad comienzan a ser revalorizadas como una posible respuesta a la problemática medioambiental, incluyendo en esta revalorización el conocimiento etnobiológico y etnohistórico que las comunidades locales tienen sobre el territorio, y que ha de ser el punto de partida para la redefinición de nuevas formas de gestión de los recursos.

No menos importante, y relacionada con las problemáticas anteriores, es la desigual distribución de la población dentro del espacio europeo, especialmente en el sur de Europa, y la dramática despoblación que sufren algunas zonas generando importante desequilibrios sociales y crisis medioambiental. Esto ha llevado en el caso de España a hablar de dos Españas, la urbana cosmopolita y europea y la interior y despoblada, que viven en un continuo estado de desconocimiento que es necesario abordar desde distintas perspectivas analíticas (Del Molino, 2021).

Así pues, distintas problemáticas actuales, tanto sociales como ecológicas o políticas, han puesto en el centro de atención a las comunidades locales rurales, lo que ha supuesto la reactivación de su estudio en el marco de la Historia Rural. Trabajos desarrollados por algunos grupos de investigación (Fernández Mier, 2018; Martín Civantos *et al.* 2022; Fernández Fernández, 2023) han vuelto la vista a su estudio como medio para dar respuesta a problemas actuales relacionados con el despoblamiento, la minusvaloración del medio rural, la degradación ecológica de algunas áreas, y las propuestas de renaturalización defendidas desde algunas instancias administrativas que, generalmente, van asociadas a la invisibilización del papel del campesinado y de las comunidades locales en la gestión del territorio y, por lo tanto, del papel que han tenido en la historia.

4. El estudio de las comunidades rurales desde la arqueología agraria

En este nuevo marco social y político, presidido por la crisis socioambiental que afecta al planeta, el estudio de las comunidades locales desde una perspectiva poliédrica y multidisciplinar ha de ser un punto de partida para generar nuevas narrativas sobre los procesos históricos de los territorios, convirtiéndose en una herramienta activa que facilite el análisis de esos lugares de forma compleja y en la larga duración. Permite profundizar en las formas de apropiación del territorio, en su conceptualización por las comunidades y en las actividades agrícolas/ganaderas desarrolladas transformando el paisaje, dando lugar a un agroecosistema que busca soluciones a las limitaciones que imponen las condiciones geográficas. Es posible comprender los mecanismos ensayados para dicha adaptación –formas de cultivo y gestión del agua, sistemas de aterrazamiento, prácticas ganaderas trashumantes complementarias– que definen actividades agrarias orientadas por la búsqueda de una racionalidad de los usos de los nichos ecológicos, generando sistemas productivos sostenibles –si aceptamos la aplicación del término a épocas pretéritas–. Información de carácter medioambiental que atesoran las comunidades rurales que ha de ser una herramienta ineludible en la toma de decisiones sobre la gestión de los territorios rurales en la actualidad (Kirchner *et al.* 2010, Alonso González *et al.* 2018; Ruiz, Civantos, 2017).

Por lo tanto, las comunidades locales son las depositarias de un amplio conocimiento etnobiológico y etnohistórico que, sin duda, puede contribuir a una gestión más sostenible del territorio, y sobre el que tenemos que reflexionar cómo convertirlo en un activo que llegue a todos los actores sociales, proceso en el que las distintas formas de educación tienen un papel relevante. Y por supuesto, consideramos que la investigación histórica debe implicarse con las poblaciones locales, activando propuestas de sociabilización científica y de transferencia de conocimiento que suponga hacer partícipes a las comunidades estudiadas de la generación de conocimiento, avanzando hacia actuaciones de ciencia ciudadana tan demandada últimamente en las convocatorias de investigación y que, en muchos casos, se resuelven con propuestas que convierten al actor social en un agente pasivo. Defendemos la necesidad de poner en marcha actividades que apuesten por la co-construcción de conocimiento, que dé protagonismo a las sociedades que son objeto de nuestra investigación, avanzando realmente en el concepto de que la construcción del conocimiento es un acto social y en el que se deben implicar múltiples actores.

Estos presupuestos teóricos y su aplicación práctica los hemos desarrollado en investigaciones realizadas en dos aldeas de Asturias, Vigaña en Balmonte de Miranda y Villanueva de Santu Adrianu (Fernández Fernández, Fernández Mier, 2019; Fernández Fernández, 2023) que nos han permitido trazar la historia de sus territorios desde la Prehistoria Reciente hasta la actualidad. Así, nos hemos interrogado tanto sobre las formas de poblamiento como sobre la economía y los cambios que se producen en el paisaje; para ello hemos utilizado una metodología de investigación que se apoya en una amplia gama de analíticas que nos han permitido avanzar de forma cualitativa en el estudio del territorio desde un punto de vista interdisciplinar y en el que se ha dado especial protagonismo al conocimiento que las comunidades locales han tenido en la formación del paisaje actual.

5. La transferencia de conocimiento a través de la educación formal, no formal e informal de los proyectos de investigación de las aldeas de Vigaña y Villanueva (Asturias): avanzando hacia el diálogo de saberes

5.1. La incorporación a la educación formal: el proyecto ConCiencia Histórica

Los resultados de las investigaciones realizadas en la aldea de Vigaña–Balmonte de Miranda, Asturias– a lo largo de más de una década de intervenciones arqueológicas permitieron comprender, en la larga duración, la génesis de su paisaje, desde el Neolítico hasta la actualidad. Así se ha aportado información novedosa sobre diversos momentos históricos escasamente conocidos –Neolítico, Edad del Bronce, Alta Edad Media– y se han podido trazar las líneas básicas de transformación en otros períodos.

Ante el compromiso de nuestro grupo de investigación –Lands– de hacer partícipe a toda la sociedad de nuestras investigaciones, una de las opciones de transferencia de conocimiento que nos planteamos fue la colaboración con el colegio de Balmonte de Miranda, que desde años viene trabajando por proyectos en los que, apostando por la gamificación y la educación Steam (Peláez Álvarez y Fernández Mier, 2020), se pone mucho hincapié en el acercamiento al medio y al patrimonio local. De esta forma tratamos de incorporar el conocimiento generado por nuestra investigación en la educación formal del colegio público, planteando una serie de objetivos enfocados a los distintos actores implicados en el proceso enseñanza/aprendizaje y con un fuerte anclaje en el territorio en el que se desarrolla.

El planteamiento inicial se basa en la idea previamente defendida de que el conocimiento es un proceso social en el que debe participar toda la sociedad y como tal, apostamos por plantear que el alumnado participe activamente en la generación de conocimiento, implicando también a otros actores sociales –como el ayuntamiento–, pero también a toda la sociedad, especialmente a los vecinos de mayor edad que pueden contribuir a transmitir la información etnohistoria y etnoarqueológica a la población infantil, que los ayuda a comprender mejor su territorio.

Desde el punto de vista del alumno consideramos de gran relevancia despertar vocaciones científicas y transmitir la metodología científica a través de la arqueología, pero también enseñarles el valor que tienen otros conocimientos como el que atesoran sus familias. Una información densa sobre la gestión del entorno, profundizando en la idea de los distintos tipos de saberes existentes y de la necesidad de que dialoguen, contribuyendo también a cimentar un espíritu crítico. No menos importante es despertar interés por el patrimonio local, ahondando en su complejidad, superando la visión monumental y llamando la atención sobre lo que las comunidades locales consideran «patrimonio» (Fernández Mier *et al.*, 2022).

Los objetivos frente a otros actores participantes en el proceso educativo se orientan principalmente a revalorizar los conocimientos tradicionales ecológicos y culturales que se han producido, transmitido y resignificado a lo largo del tiempo de forma colectiva, con lo que reforzamos la idea de que el conocimiento científico debe dialogar con otros saberes. Por ello, otra finalidad es crear canales de co-construcción de conocimiento con la comunidad, haciéndola copartícipe de la elaboración de los datos históricos que favorezca el afianzamiento de su identidad. La realización de actividades en colaboración con la población local a través de la encuesta antropológica, con la participación de público infantil y juvenil, dará protagonismo a miembros de la comunidad que atesoran importantes conocimientos tradicionales.En estrecha colaboración con la dirección del colegio y a lo largo de tres proyectos que han girado en torno a distintas temáticas –el monasterio de Balmonte, la tradición oral y el agua como recurso– se diseñó un proyecto, que en dos convocatorias ha contado con la financiación de la FECYT –Fundación Española para la Ciencia y la Tecnología–. A principios del curso académico se realiza una actividad de motivación en la que participa toda la comunidad educativa; el primer año fue la visita a una de las intervenciones arqueológicas que desarrolla el grupo de investigación en la comarca; el segundo visitamos las zonas de pasto de una aldea y uno de los vecinos contó a los alumnos cómo se gestionaban esos territorios en el pasado y en el presente. Finalmente, el tercer año visitamos una zona también de montaña en la que se podían ver restos arqueológicos de varias épocas, especialmente aquellos relacionados con el uso del agua por los romanos para obtener el beneficio del oro.

Posteriormente, y a lo largo de los distintos meses, se planificaron talleres en función del desarrollo de la materia del currículo, lo que permite enseñar distintos tipos de estudios científicos, así como conocimiento etnográfico y cultural. Las dinámicas aplicadas en estas actividades se fundamentan en la actividad teórico-práctica, buscando ejemplos cercanos al alumnado y con el objetivo doble de divulgar los avances científicos y transferir conocimientos aplicados básicos sobre las diversas técnicas científicas. Un primer bloque tenía una orientación específicamente científica y tecnológica tratando de introducir al alumnado en este tipo de estudios a través del análisis de los restos localizados en las intervenciones arqueológicas: así se realizaron actividades de antropología física, zooarqueología, estudios de carbones y semillas, análisis de traceología y modelado 3D de piezas arqueológicas. El segundo bloque se diseñó desde la perspectiva de la revalorización del conocimiento etnográfico y cultural local: modelado, torneado y cocción de cerámica, elaboración de pan en un horno tradicional y taller de tradición oral y música tradicional en la que participan investigadores y la residencia de la tercera edad. Con estos talleres se buscaba alcanzar un equilibrio entre ambos tipos de conocimiento, el científico y el tradicional, a la hora de construir las herramientas teóricas sobre las que se sustenta la construcción del conocimiento.

El proyecto finaliza con la realización de una excavación arqueológica –en la que participan los y las alumnas– en algún elemento patrimonial sobre el que previamente han trabajado en el aula. El objetivo es que conozcan todos los pasos para realizar una intervención arqueológica y que sepan hacer preguntas a la hora de planificar la excavación, así como plantear hipótesis e interpretar los restos y la estratigrafía del yacimiento, obviamente a niveles comprensibles por el alumnado.

Finalmente, los estudiantes hacen una presentación a toda la comunidad educativa de los conocimientos adquiridos y, en algunos casos, se realizan algunas actividades enmarcadas en programas aprendizaje-servicio, como el diseño de una ruta por Belmonte en la que se pueden ver los restos arquitectónicos desperdigados por la villa tras la desamortización del antiguo monasterio de Balmonte, sobre el que versó uno de los proyectos.

Para el curso 2024-2025 y al amparo de una nueva financiación de la FECYT, el proyecto se plantea nuevos retos. Hasta el momento hemos colaborado con un colegio rural, el de Belmonte de Miranda, de unos 35 alumnos y que trabaja por proyectos, pero para el próximo curso trabajaremos con los colegios del municipio de Grao, que cuentan con alrededor de seiscientos alumnos, por lo que limitaremos la realización del proyecto a los cursos de 5º y 6º de primaria y versará sobre un bien patrimonial que comparten los dos municipios: El Camín Real de la Mesa, una vía de comunicación de época romana a la que está asociado un importante patrimonio, siendo nuestro objetivo jugar a distintas escalas, trabajando a nivel local, pero también supralocal e intentando realizar actividades conjuntas entre los distintos colegios a través en la educación formal.

5.2. La educación no formal: los talleres arqueológicos

Dentro de la enseñanza no formal podemos incluir los talleres etnoarqueológicos que se celebran de forma puntual coincidiendo con las intervenciones arqueológicas que el grupo realiza anualmente en el marco de sus proyectos de investigación. Desde 2014 se vienen desarrollando en Vigaña –en colaboración con La Ponte Ecomuséu– como actividad final tras la intensidad de la intervención arqueológica; y en el año 2022 se han comenzado a realizar en Ambás (Grau) en colaboración con el ATOAM (Archivu de la Tradicción Oral d'Ambás) y el Muséu Etnográficu de Grau. En un día se concentra la realización de distintos talleres con una orientación similar a la planteada en el proyecto ConCiencia Histórica: tanto arqueológicos, como etnográficos y de cultura tradicional, pero con una clara vocación de fomentar la participación de distintas entidades, tanto administrativas, como asociaciones culturales y de investigación, y de la comunidad en general. La jornada se articula en torno a actividades que favorecen la confluencia de tipos de conocimiento y la comunicación intergeneracional, creando un ambiente distendido de co-construcción de conocimiento en el que todos se benefician de la mutidireccionalidad de la circulación de los saberes y en el que las actividades en torno a la comida desempeñan un papel protagonista. Así los talleres se conciben como educación entre lo no formal y lo informal, donde lo lúdico se prima como forma de revitalizar el conocimiento local sobre el territorio y la cultura que se ha ido adquiriendo a lo largo de toda la vida, contribuyendo a generar un sentido identitario en las pequeñas comunidades en las que desarrollamos nuestra investigación. Claramente los objetivos perseguidos y el público al que se pretende implicar en este proceso de creación de conocimiento es distinto a aquel al que se enfocan las actividades desarrolladas en la educación formal.

Con los talleres logramos colocar en el centro del proceso de creación del conocimiento a las comunidades locales haciéndolas partícipes del proceso de investigación.

5.3. *El ecomuseo: diálogo de saberes y aprendizajes desde y en el territorio*

En la pequeña aldea de Villanueva de Santo Adriano (Asturias), se viene desarrollando desde hace ya más de una década un proyecto científico que engloba tres tipos de actividades principales. En primer lugar, una investigación básica orientada a producir nuevos conocimientos sobre los cambios y transformaciones experimentados por nuestros paisajes rurales y las sociedades que los han habitado a largo del tiempo: su objetivo no es otro que el de ampliar el saber. En segundo lugar, una investigación aplicada, es decir, dirigida, que partiendo de esos nuevos aprendizajes intenta imaginar soluciones a problemas específicos de nuestro presente. Y en tercer y último lugar, se desarrollan diferentes entornos experimentales donde ensayar esas fórmulas e imaginarios diseñados en las etapas anteriores, donde se pasa de la teoría a la práctica, del proyecto al territorio y a la acción (Fernández Fernández, 2023).

En cada uno de estos ámbitos se trabajan temáticas diferentes, aunque todas ellas lógicamente imbricadas. Por ejemplo, el proyecto de investigación básica gira en torno a la arqueología de los paisajes rurales y los asentamientos campesinos, al igual que en Vigaña. Nuestras aldeas no habían sido bien estudiadas desde una perspectiva arqueológica, a pesar de la importante antigüedad de algunas de ellas. ¿Por qué? La respuesta tiene que ver con preconcepciones y narrativas de la historia y la arqueología de origen clasista y burgués, que simplemente han desatendido lo agrario, rural y campesino, o en el mejor de los casos lo han tratado como un objeto exótico, creando, en definitiva, relatos simplificadores y empíricamente débiles sobre su historia. Así, excavar un yacimiento arqueológico donde vivieron personas campesinas en la Edad Media supone reclamar la atención sobre aquello a lo que nunca se le ha prestado, romper con las narrativas establecidas y, sobre los datos recuperados, ir construyendo poco a poco otras nuevas: aportamos contexto a esas aldeas que se van convirtiendo en sujetos históricos. Ellas y sus habitantes, presentes y pasados. Esto tiene evidentes aplicaciones pedagógicas, tanto para los contextos formales como los no formales e informales. Por ejemplo, nos permite trasladar nuevos datos y relatos a los medios donde desarrollamos nuestras prácticas docentes universitarias, empezar a hablar de otras historias diferentes a las heteronormativas y hegemónicas. Pero, en este caso, vamos a centrarnos más en el impacto que estas prácticas tienen en el contexto más local y menos formal. Como comentábamos, en este proceso de investigación hemos desarrollado una línea de trabajo basada en los principios del método de la investigación-acción participación (IAP), con el objetivo no ya de hacer transferencia de conocimiento o divulgación, como hacemos en algunos de nuestros proyectos, sino de propiciar que se encuentren diferentes tipos de saberes, para que compartan enseñanzas y aprendizajes, involucrando a las comunidades locales que habitan los entornos o espacios de la investigación. Es, en definitiva, aparte de un proceso de investigación de carácter experimental y problematizador, un entorno muy potente de aprendizaje, en el que el conocimiento circula en diferentes direcciones, moviliza a tipos de colectivos varios y es una fuerza con intención, y algo de capacidad, de transformación.

Este desarrollo de una línea aplicada y experimental se ha implementado mediante la creación de un ecomuseo (Fernández Fernández, 2023), entendido como un tipo de dispositivo que nos ha de permitir entablar este diálogo ciencia-territorio. Los ecomuseos han sido descritos como instituciones dinámicas que conservan e interpretan el patrimonio material e inmaterial de un territorio, que sirven «para establecer el hilo de continuidad con el pasado y aportar un sentido de pertenencia» (Davis 1999). No hay un modelo único de ecomuseo, pues se han desarrollado de forma muy dispar según regiones y países, pero se dan entre ellos algunas características que podemos considerar denominadores comunes de la identidad de estas organizaciones, como su implantación en un espacio definido, su trabajo en torno a los patrimonios y las memorias de las comunidades locales y su estructura abierta y cooperativa (Davis, 1999; Corsane *et al.* 2007). Así entendido, el ecomuseo nos pareció una herramienta idónea para poner en marcha esta idea de conectar una ciencia académica situada con las comunidades locales, sus patrimonios y saberes (Fernández Fernández *et al.*, 2015; Martínez Álvarez, 2021). Pero, además, no deja de ser un proceso observado y observable, es decir, estamos creando también nuevos objetos de investigación, y por ello hablamos de «proceso experimental» donde «se observan las diferentes dinámicas culturales, pero que se torna entorno de aprendizaje y reflexión de la práctica científica en un proceso recursivo» (Fernández Fernández, 2023). Por todo ello lo describimos también como una comunidad de aprendizaje, de carácter abierto, dialógico y transformador, siguiendo en lo metodológico a autores como Freire y Vygotsky. Las comunidades de aprendizaje persiguen diferentes tipos de transformaciones: del contexto, del propio conocimiento y de las expectativas (García y Díez-Palomar, 2010). El ecomuseo se sitúa en este punto, entre lo no formal y lo informal, donde los saberes circulan de forma no siempre planificada, tácita, y el autoaprendizaje es importante, manteniendo una relación dinámica y fluida con las instituciones de enseñanza formal, con las que en ocasiones se colabora y en otras no, fijando una posición de autonomía que favorece la no direccionalidad de los procesos y la proliferación del pensamiento crítico.

El ecomuseo es, en definitiva, un espacio para el «diálogo de saberes», concepto desarrollado teóricamente por Boaventura de Sousa Santos, quien sugiere que el conocimiento no es un elemento cerrado y monolítico, ni universalmente válido, sino que se presenta en gran variedad de formas que deben ser valoradas y consideradas en igual medida (de Sousa Santos, 2014). El diálogo de saberes implica abrir espacios de encuentro y colaboración entre los conocimientos científicos, locales, tácitos y populares. Este diálogo no solo busca el respeto e inclusión hacia esas voces y conocimientos diversos, sino también cuestionar las desigualdades y exclusiones epistémicas que el sistema dominante de producción de conocimiento genera. Significa, en definitiva, reconocer que el conocimiento no es neutral ni descontextualizado, sino que está influido por las relaciones de poder e imbricado en las estructuras sociales. Es, en definitiva, un proceso socialmente atravesado. *Diálogo de saberes* es, por todo ello, un concepto descolonizador, que reclama la democratización de la producción y acceso a los conocimientos, estableciendo relaciones horizontales y colaborativas entre distintas comunidades de aprendizaje. En última instancia, el diálogo de saberes aspira a construir sociedades más justas e inclusivas, donde esas diferentes formas de aprehender e interpretar la realidad, de saber y conocer, de aprender, puedan coexistir, enriquecerse mutuamente y afrontar en conjunto los desafíos y problemáticas del mundo actual. El aprendizaje se concibe así como una misión colectiva, y ese colectivo es lo que denominamos una «comunidad de aprendizaje» (Wenger, 1998), capaz de co-construir conocimiento a través de la interacción entre diferentes actores y saberes. Vemos así que estos conceptos que analizamos, comunidad de aprendizaje y diálogo de saberes, no solo se retroalimentan, sino que es difícil imaginar que puedan existir el uno sin el otro. En definitiva, el aprendizaje se enriquece y se profundiza cuando se establecen espacios de diálogo y colaboración entre personas con perspectivas y experiencias diversas y esta es una de las misiones del ecomuseo, crear esos espacios.

En conclusión, a través de esta investigación demostramos que el ecomuseo es una herramienta útil de aprendizaje colectivo, un espacio experimental de producción de conocimiento en el que participan diferentes socios epistémicos, personas científicas, profesionales de diferentes áreas, amateurs y vecinas. Conformando así una infraestructura de aprendizajes múltiples, que permite la multidireccionalidad del saber. Así impulsamos una ciencia abierta y cercana a la ciudadanía, que influye en la autopercepción que todos los socios tienen de sí mismos invitando con ello a la reflexividad, abriendo brechas, tanto en las disciplinas académicas, en sus lenguajes y prácticas, como en el propio conocimiento local, que también necesita refrescarse: la «tradición» o se actualiza o termina polvorienta en un museo (Fernández Fernández, 2023).

6. Conclusión: ¿transferencia de conocimiento o construcción social de la ciencia?

La educación formal, no formal e informal son consideradas herramientas esenciales dentro del contexto educativo europeo. Aunque la educación formal sigue siendo la base del sistema de enseñanza, se reconoce la necesidad de incorporar la educación no formal e informal como complementos y alternativas a lo largo de toda la vida. Sin embargo, a menudo nos encontramos sin los contextos adecuados para aplicarlas de forma compleja. Es fundamental comprender que estas tres formas de educación son indispensables y deben interactuar entre sí si queremos lograr un auténtico cambio de paradigma ecosocial, tan urgente como necesario. Pero ¿cómo podemos lograrlo?

En este texto se presentan algunos casos de estudio exitosos que ilustran las metodologías y contextos en los que se ha logrado establecer un diálogo efectivo entre el conocimiento científico y diferentes tipos de comunidades locales en medios rurales. En todos estos casos, se ha valorado y considerado de manera crucial el conocimiento local denso que dichas comunidades atesoran, acumulado a lo largo de milenios. Estos saberes situados se han incorporado como un elemento más de la investigación, siendo indispensables para encontrar y aplicar criterios sólidos de sostenibilidad socioambiental. Para lograrlo, se ha trabajado en la construcción de un diálogo horizontal con estas formas de conocimiento, creando nuevos tipos de comunidades de aprendizaje en las que, tanto académicos como no académicos, conviven, se respetan y aprenden mutuamente. Este enfoque ha permitido el desarrollo de colaboraciones fructíferas y ha llevado a resultados positivos en la interacción entre el conocimiento científico y las comunidades rurales locales (Fernández Fernández y Martínez Álvarez, 2020).

En este trabajo se demuestra cómo aplicar metodologías de investigación para revitalizar el conocimiento local y fomentar la participación de las comunidades en la co-construcción de nuevos saberes. Dos conceptos fundamentales emergen en este proceso: el diálogo de saberes y las comunidades de aprendizaje. Estos conceptos se necesitan y retroalimentan entre sí, y son los únicos que pueden garantizar la apertura, la diversidad y el respeto hacia diferentes formas de producir conocimiento, promoviendo así una visión más inclusiva, completa y, en definitiva, sostenible del mundo. Son una potente herramienta en manos de los investigadores universitarios, que permite hacer un balance autocrítico y desarrollar una ciencia más situada, autoconsciente y cercana a los problemas y causas sociales.

Todo esto nos lleva a una reflexión final que se origina en la siguiente pregunta: ¿transferencia de conocimiento o construcción social de la ciencia? Desde el ámbito académico y universitario debemos cuestionar y repensar críticamente la idea de transferencia, resistir a la presión que cada vez más la instrumentaliza, que concibe a la institución como una incubadora de empresas orientada al mercado. Esta orientación, mal entendida, representa una amenaza para la autonomía universitaria, además de descuidar y abandonar otras formas de transferencia e innovación no mercantiles, limitando así el potencial de impacto positivo en la sociedad (Fernández Fernández, 2022).

Desde las universidades, nuestras capacidades para resolver problemas trascienden lo meramente económico, abarcando también los desafíos sociales más apremiantes que afectan a la humanidad. Asumimos el reto de generar conocimiento orientado a problemáticas concretas, adoptando enfoques transdisciplinares y fomentando la participación de diversos actores sociales. Además, es imperativo asegurar que la creación de saberes repercuta en beneficio de toda la sociedad, a través de metodologías que permitan la construcción social de la ciencia.

Bibliografía

Alegría Continente, P. (2022). Aproximar las enseñanzas formales y las no formales: una confluencia necesaria. *Participación Educativa*, pp. 19-27.

Alonso González, P., Fernández Mier, M., Fernández Fernández, J. (2018). La ambivalencia del paisaje. De la genealogía a la Arqueología Agraria. *Munibe*, 69, pp. 283-296.

Arias Pérez, J. E. (2011). Transferencia de conocimiento orientada a la innovación social en la relación ciencia-tecnología y sociedad. *Pensamiento & Gestión*, 31, pp. 137-166.

Colley, H., Hodkinson, P. and Malcolm, J. (2003). *Informality and Formality in Learning*. London: Learning and Skills Research Centre.

Corsane, G., Davis, P., Elliott, S., Maggi, M., Murtas, D., Rogers, S. (2007). Ecomuseum evaluation: experiences in Piemonte and Liguria, Italy. *International Journal of Heritage Studies*, 13 (2), pp. 101-116.

Criado Aguilera, J.I., Pérez Díaz, M. T., (2022). La educación no formal e informal: entornos de aprendizaje necesarios para los nuevos retos sociales. *Participación Educativa*, pp. 31-43.

Davis, P. (1999). *Ecomuseums: A Sense of Place*. Leicester University Press.

De Sousa Santos, B. (2014). *Epistemologías del Sur*. Madrid. Akal.

Del Molino, S. (2021). *Contra la España Vacía*. Madrid: Alfaguara.

Fernández Mier, M. (2018). De la Arqueología del Paisaje a la Arqueología Agraria, en Quirós Castillo, Juan Antonio (ed.), *30 años de arqueología medieval en España*. Oxford: Acces Archaeology - Archaeopress, pp. 225-270.

Fernández Fernández, J. (2017). Arqueología de una aldea medieval y su espacio agrario: Villanueva de Santo Adriano (Asturias, noroeste de la península Ibérica). *Historia Agraria*, 72, pp. 79-107.

—— (2022). Social-Heritage Innovation Ecosystems. Definition and Case Studies. PH. Revista PH del Instituto Andaluz del Patrimonio Histórico, n.º 106, pp. 82-114.

----- Alonso González, P. and y Navajas Corral, O. (2015). La Ponte-Ecomuséu: una herramienta de desarrollo rural basada en la socialización del patrimonio cultural. *La Descommunal*, 1 (2), pp. 117-130.

Fernández Fernández, Jesús y Fernández Mier, Margarita (eds.) (2019). *The Archaeology of Medieval Villages Currently Inhabited in Europe*. Oxford: Archeopress.

Fernández Fernández, J. y Martínez Álvarez, E. (2020). Laboratorios ciudadanos. una aproximación metodológica desde rural experimenta. En B. Burgos, R. Sanz and F. Quiroga, *Pensar y hacer en el medio rural prácticas culturales en contexto*. Edita Ministerio de Cultura, pp. 247-265.

Fernández Mier, Margarita y López Gómez, Pablo (2021). *Archaeology of the commons: Seasonal settlements in the Cantabrian mountains, in Seasonal Settlement in the Medieval and Early Modern Countryside*. Leiden: Sidestone Press Academics.

Fernández Mier, M., Fernández Fernández, J., López Gómez, P. (2023). Agrarian Archaeology: A Research and Social Transformation Tool. *Heritage*, 6 (1), pp. 300-318.

Fernández Mier, M., Rebollar Flecha, L. M., (2022). Studies on Local Communities in a Global Framework. *Rivista dell'Istituto di Storia dell'Europa Mediterránea*, pp. 113-131.

Fernández Pérez, A. (2018). Educación para la sostenibilidad: Un nuevo reto para el actual modelo universitario. *Research, Society and Development*, (7), 4, pp. 01-19.

Galcerán Huguet, M. (2010). La mercantilización de la universidad. *Revista Electrónica Interuniversitaria de Formación del Profesorado*, (13) 2, pp. 89-106.

Gibbons, M. (1998). *Higher education relevance in the 21st Century. Paris*: UNESCO World Conference on Higher Education.

García, R. F. y Díez-Palomar, J. (2010). Comunidades de Aprendizajc: un proyecto de transformación social y educativa. *Revista interuniversitaria de formación del profesorado*, 24(1), 19-30.

Gibbons, M.; Limoges, C.; Nowotny, H.; Schwartzman, S.; Scott, P. & Trow, M. (1994). *The new production of knowledge – The dynamics of science and research incontemporary societies*. Londres: SAGE.

Hiemstra, R. (1981). The implications of lifelong learning, in Collins, Z, (ed.), *Museums, Adults and the Humanities*, American Association of Museums, Washington DC, pp. 131-146.

Jonas, A. E. G. (2010). *Locality. Encyclopedia of Geography*, ed. B. Warf, Thousand OaksCA.

Knowles, M. S., (1981). The future of lifelong learning' in Collins, Z (ed.), *Museums, Adults and the humanities*, AAM, Washington DC, pp. 131-143.

Martín Civantos, J. M., Abellán Santisteban, J., Bonet García, M. T (2021). Mejorar la cohesión social de los territorios mediterráneos en torno al agua, AE. *Revista Agroecológica de Divulgación*, 44.

Martínez Álvarez, E. (2021). *Mariposa, tierra, mujer. Memoria de las mujeres de Santu Adrianu*. La Ponte-Ecomuséu.

Kirchner, Helena (ed.) (2010). *Por una arqueología agraria. Perspectivas de investigación sobre espacios de cultivo en las sociedades medievales hispánicas*. Oxford: Archaeopress.

Olmos-Peñuela, J.; Castro-Martinez, E.; Deste Cukierman, P. (2014). Knowledge transfer activities in social sciences and humanities: Explaining the interactions of research groups with non-academic agents. *Research Policy*. 43 (4), pp. 696-706.

Ostrom, Elinor (1990). *Governing the Commons: The Evolution of Institutions for Collective Action*. Cambridge: Cambridge University Press.

Peláez Álvarez, N., Fernández Mier, M., (2020). ConCiencia Histórica: una mirada a las steam desde nuestra historia, *Aula de innovación educativa*, 297, pp. 71-72.

Ruiz Ruiz, J. F., Martín Civantos, J. M. (2017). La gestión comunitaria del agua en la cara norte de Sierra Nevada: Acción colectiva y saberes etnoecológicos en los sistemas de riego de origen andalusí. *Erph: revista electrónica de patrimonio histórico*, 20, pp. 76-103.

Unceta Satrústegui, K. J., Amiano Bonachea, M. I., Gutiérrez Goiria, J. (2022). El impacto de la mercantilización en la Universidad y en sus funciones. *Dossieres EsF* (47), pp. 16-19.

Wenger, E. (1998). *Communities of Practice: Learning, Meaning, and Identity*. Cambridge University Press.

Ámbitos de cooperación académica entre ciudades hermanadas

Fernando Gascón
Universidad de Oviedo

En este texto se describe el logro y las múltiples repercusiones positivas, muchas inesperadas, que ha supuesto el establecimiento de acuerdos de cooperación académica en el marco de ciudades hermanadas. El análisis se centra en dos ejemplos: los hermanamientos de *a)* Bochum y Oviedo y *b)* Clermont Ferrand y Oviedo.

Previamente, se motiva la necesidad de planificar, a largo plazo, el fomento de soluciones pacíficas a través de la cooperación en foros comunes en los que se reúnan, periódicamente, personas de distinta procedencia en un entorno que propicie una visión positiva de la cooperación internacional a pesar de las diferencias inherentes entre personas procedentes de distintos países.

1. Guerra y Paz: Europa

La preocupación por el futuro de la humanidad se puede extrapolar a muchas cuestiones y dimensiones relevantes y, también, a muchas zonas geográficas. En el presente compendio de avances y desafíos de la integración europea, estamos acotando la zona geográfica objeto de nuestra preocupación, aunque las distintas zonas están interconectadas y la globalización y las oportunidades y desafíos que conlleva no se refieren exclusivamente a un único ámbito concreto.

En lo que al futuro se refiere, podemos preocuparnos por el medio ambiente, por el estado del bienestar y por otras cuestiones económicas, legales, culturales, políticas y de otros ámbitos que son el tipo de cuestiones que nos ocupan normalmente cuando no hay ni una pandemia ni una guerra de por medio que nos afecte sustancialmente. Con una buena planificación, cooperando a nivel internacional y tomando las decisiones estratégicas y operativas adecuadas se puede contribuir a mejorar el futuro y evitar en la medida de lo posible las guerras y otras catástrofes globales como el cambio climático.

Existe el concepto de *inteligencia artificial amigable* que tiene como objetivo que, cuando llegue un futuro, más o menos lejano, en el que las máquinas nos superen ampliamente en inteligencia y tomen el control casi total de la situación, previamente habrán recibido una formación que les haga tratar a los humanos de forma amigable y no inicien una guerra contra nuestra especie con objeto de borrar a la humanidad del mapa, sino que colaboren y nos pidan consejo en cuestiones puntuales. Las máquinas tendrán, quizás, casi todo el poder en un futuro, pero no lo ejercerán para aplastarnos.

Los equilibrios cambiantes de poder entre máquinas y hombres serán algo del futuro, pero los equilibrios cambiantes de poder entre humanos son algo de pasado, del presente y lo serán también del futuro.

Nuevamente, si se hace un esfuerzo por fomentar estratégicamente la cooperación en vez del conflicto, previsiblemente habrá más colaboración internacional y menos guerra. Podemos aprender sobre cómo los equilibrios cambiantes de poder entre países, si están bien gestionados, pueden evitar llegar a las guerras y mal gestionados nos han llevado, en el pasado y en el presente, a dos guerras mundiales y un número adicional de conflictos menores en escala, pero igualmente nefastos.

Intentar evitar que se repitan precedentes desastrosos mediante soluciones pacíficas es algo que se ha intentado en Europa, y muchas veces conseguido, desde la firma del Tratado de Roma (firmado 25 de marzo de 1957), modificado por los tratados de Maastricht (1992), Ámsterdam (1997) y Niza (1992). En la página web del Parlamento Europeo se analizan estos tratados en la sección correspondiente al pasado (*in-the-past*). Otra cuestión es qué países forman parte del club y qué países se quedan fuera.

Para que funcionase adecuadamente la cooperación internacional voluntaria y pacífica, la integración europea tendría (y tiene) que ir más allá de la integración actual. La vocación europeísta se cultiva a pesar de los recursos limitados y cada idea productiva, innovadora y original, en el ámbito que sea, merece la pena que sea analizada, difundida y replicada a nivel internacional por parte de nuestros socios, colaboradores o amigos. Se trata de contribuir a hacer posible una mayor vocación europeísta desde distintos ámbitos y dimensiones internacionales que minimicen la posibilidad de conflictos bélicos y se cree valor para Europa en su conjunto en el mayor número de dimensiones posibles.

2. Ciudades hermanadas: un marco de cooperación internacional

Las ciudades hermanadas ofrecen la posibilidad de establecer más vínculos de cooperación entre ellas a distintos niveles y con distintos objetivos, si bien los vínculos de cooperación internacional que surgen, muchas veces espontáneamente, no son idénticos con cada ciudad hermanada.

Uno de esos hermanamientos es el de Bochum y Oviedo establecido en 1979 y otro es el de Clermont Ferrand y Oviedo establecido en 1988. En ambos casos, soy actualmente el profesor responsable del Acuerdo Bilateral Erasmus en la Facultad de Economía y Empresa de la Universidad de Oviedo. Describo mi experiencia personal participando en actividades y acuerdos de cooperación con instituciones académicas de ambas ciudades. Mi experiencia se podría ver completada y enriquecida con la experiencia de colegas de otras disciplinas académicas.

2.1. Hermanamiento entre Bochum y Oviedo

En el caso de RUB (Ruhr Universität Bochum) participé en varias ocasiones desde principios de los años noventa del siglo pasado en los cursos Tándem de alemán-español que tenían lugar, primero, entre mediados de julio y mediados de agosto en Bochum y, unas semanas después, en Oviedo en septiembre en los días previos a San Mateo. Los cursos Tándem son un gran invento y se han extrapolado a otros idiomas y ciudades.

En mi caso, las estancias en Bochum fueron de corta duración, si bien conozco varios investigadores de la Universidad de Oviedo que realizaron estancias de larga duración en RUB y que son profesores de la Universidad de Oviedo en otras áreas de conocimiento.

En este caso, el desarrollo principal de la cooperación fue en términos de cursos de idiomas y en términos de investigación. El aprendizaje del alemán por parte de los alumnos procedentes de la Universidad de Oviedo y el aprendizaje del español por parte de los alumnos procedentes de Bochum comenzó con los cursos Tándem y continuó, en el caso de otros profesores, con una beca Erasmus de un semestre o anual o con una beca de investigación de más larga duración. Se establecieron ámbitos de cooperación y lazos de amistad.

En otros ámbitos la cooperación no ha resultado tan fructífera. Mi experiencia personal como profesor responsable de acuerdo Erasmus con Bochum es que los alumnos de la Facultad de Economía y Empresa de la Universidad de Oviedo encuentran difícil superar la barrera del idioma, ya que la mayoría de las asignaturas se impartían en alemán y una minoría de asignaturas se impartían en inglés.

Por tanto, a nivel de cursos de idioma, los cursos Tándem han sido un éxito rotundo que continúa hoy en día mientras que los intercambios de movilidades Erasmus con alumnos de la Facultad de Economía y Empresa son más limitados en comparación con otros destinos Erasmus en destinos con otros idiomas.

2.2. Hermanamiento entre Clermont Ferrand y Oviedo[1]

Este hermanamiento establecido a nivel de ayuntamientos llevó progresivamente a fomentar el establecimiento, a nivel universitario, de varios acuerdos bi-

[1] No hay ninguna referencia directa al hermanamiento entre ciudades en el Tratado de la Unión Europea. Sin embargo, cabe comentar que el hermanamiento de Oviedo con Clermont Ferrand fue el primero que tuvo lugar tras la incorporación de España a las Comunidades Europeas, y que encaja perfectamente en objetivos y postulados de los mismos. Destacaría en particular una parte del artículo 3, en el que se precisa que «La Unión fomentará la cohesión económica, social y territorial y la solidaridad entre los Estados miembros. La Unión respetará la riqueza de su diversidad cultural y lingüística y velará por la conservación y el desarrollo del patrimonio cultural europeo». El caso que aquí se trata constituye un ejemplo lejano a lo que se ha dado lugar a titulares periodísticos críticos: «Ciudades hermanadas, ciudades olvidadas Oviedo tiene convenios con dieciocho localidades repartidas por todo el mundo, con las que prácticamente no guarda ningún tipo de relación» (González, 2014). https://www.lne.es/oviedo/2014/05/07/ciudades-hermanadas-ciudades-olvidadas-20045292.html

laterales Erasmus entre la Universidad de Oviedo y las distintas instituciones de educación superior existentes en Clermont Ferrand, así como a la firma de varios acuerdos de doble titulación tanto de nivel grado como de nivel máster. Además, las colaboraciones y aprendizaje mutuo se han extendido a muchos más ámbitos.

Actualmente, la Universidad Clermont-Auvergne es resultado de una fusión en 2017 entre dos Universidades preexistentes en Clermont Ferrand (Auvergne y Blaise-Pascal), si bien nos centraremos en analizar los ámbitos de cooperación entre esc Clermont y la Universidad de Oviedo, así como los logros innovadores alcanzados gracias a la celebración anual de la Semana Internacional de ESC Clermont.

El hermanamiento supuso la existencia de una reunión anual, durante bastantes años consecutivos, de la Semana Internacional de ESC Clermont. En una misma semana se reunían en Clermont Ferrand una veintena larga de profesores de distintas universidades, de dentro y fuera de Europa, que no solo impartían clase en distintos idiomas, sino que ponían en común sus experiencias en distintos ámbitos. A la Semana Internacional de ESC Clermont también acudían responsables académicos de internacionalización y se fomentaba tanto el intercambio de ideas como el establecimiento de acuerdos de cooperación tanto en el ámbito de la docencia como de la investigación. Véanse los trabajos al respecto del Dr. Bryant con coautores que aparecen citados en la bibliografía. Desafortunadamente, la Semana Internacional de esc Clermont, en su formato original, se ha visto cancelada en los últimos años.

En el caso de la cooperación entre ESC Clermont y la Universidad de Oviedo, actualmente existe un acuerdo de intercambio Erasmus de nivel máster que está vinculado a un convenio de cooperación. El objetivo principal de dicho Convenio de Colaboración es el de regular la obtención del Doble Máster (MADE / MIM) por los alumnos del Máster in Management (MIM) de ESC Clermont que vengan a estudiar al máster made de la Universidad de Oviedo y por los alumnos del máster en Administración de Empresas (MADE) que vayan a estudiar al máster MIM de ESC Clermont.

El acuerdo de doble titulación de nivel máster sigue funcionando desde que se firmó por primera vez el acuerdo de cooperación en 2007. Sin embargo, un acuerdo similar de doble titulación de nivel grado, establecido también con ESC

Clermont, estuvo operativo durante varios cursos académicos y luego desapareció.

Las acreditaciones internacionales son importantes para las Facultades de Economía y Empresa y para las escuelas de negocios de todo el mundo. Los responsables académicos de esc Clermont contaban con la acreditación AACSB desde que se estableció el acuerdo bilateral Erasmus en 2006 y el convenio de Doble Máster en 2007. En 2008, en calidad de vicedecano de Internacionalización de lo que actualmente se denomina la Facultad de Economía y Empresa visité ESC Clermont durante mi primera Semana Internacional en la cual participé como responsable académico y no como docente (luego volvería como docente en 2011 y 2012).

En aquella primera visita a ESC Clermont, los responsables académicos de ESC Clermont nos pusieron de manifiesto la importancia de lograr la acreditación internacional AACSB que ellos habían obtenido en 2006 y también han asesorado y orientado posteriormente sobre cómo conseguir la acreditación AACSB. ESC Clermont cuenta actualmente con tres acreditaciones internacionales.

Unos meses después iniciamos los primeros pasos del proceso si bien estábamos al final de nuestra etapa como equipo directivo del centro (y luego venía una fusión entre dos centros) por lo que se tomó la decisión de paralizar el proceso que fue retomado años después. A dicho proceso posterior contribuyeron, con trabajo duro y también buscando fuentes de financiación estables, varios equipos directivos del Centro. Finalmente, el 10 de mayo de 2022, la decana de la Facultad de Economía y Empresa informó que habíamos recibido la acreditación internacional AACSB.

3. Conclusiones

A través de ejemplos concretos de foros de encuentro con periodicidad anual se pone de manifiesto las virtudes de mantener abiertos diversos canales de cooperación internacional que redundan en un bien común para todas las partes. No es un juego de suma cero en el que unos ganan y otros pierden. Se llega a una cooperación y soluciones, a veces inesperadas, que son apreciadas como valiosas por todos los participantes en estos foros periódicos internacionales.

Podemos aprender tanto de nuestros errores como de nuestros aciertos, así como de los errores y aciertos de aquellos con quien cooperamos. Así, aprender de los demás, copiar lo bueno y evitar lo malo es un proceso de mejora continua en el que se trata de solucionar los problemas más relevantes en cada ámbito y se intentan evitar los conflictos mediante la cooperación internacional periódica en distintos ámbitos que muchas veces se refuerzan con vínculos de amistad.

Sin embargo, a veces, el optimismo excesivo, a la hora de perseguir un ideal, choca con una realidad compleja que dificulta el proceso e incluso destruye logros ya conseguidos por culpa de escollos que son a veces insalvables.

Bibliografía

Brammerts, H. (1996). Language learning in tandem using the Internet. Telecollaboration in foreign language learning, 121-130.

Bryant, M., Karney, D., & Sheehan, D. (2000, April). Accelerating the experimental learning process of the student: One Business School's Experience in the Internationalizing of the Curriculum. In Fifth *International Biennial on Education and Training: Conferences on Research and Innovation*, pp. 12-15.

Bryant, M., Metz, K., Sheehan, D., & Vigier, M. (2006). Improving Students' Communicative Language Skills: One French Business School's Experience. *Journal of Language for International Business*, 17(2), 60.

Bryant, M., & Sheehan, D. (2007). Creative internationalization: The importance of institutional culture. *Global Business Languages*, 9(1), 6.

Bryant, M., Sheehan, D., & Vigier, M. (2007). Embedding language learning in the business school curriculum and mission. *Global Business Languages*, 11(1), 7.

Calvert, M. (1992). Working in tandem: peddling an old idea. Language Learning Journal, 6(1), 17-19.

----- (1999). Tandem: A vehicle for language and intercultural learning. Language Learning Journal, 19(1), 56-60.

González, P. (2014). «Ciudades hermanadas, ciudades olvidadas. Oviedo tiene convenios con dieciocho localidades repartidas por todo el mundo, con las que prácticamente no guarda ningún tipo de relación». *La Nueva España* https://www.lne.es/oviedo/2014/05/07/ciudades-hermanadas-ciudades-olvidadas-20045292.html

Little, D., & Brammerts, H. (1996). A Guide to Language Learning in Tandem via the Internet. CLCS Occasional Paper No. 46.

TRATADO DE LA UNIÓN EUROPEA, VERSIÓN CONSOLIDADA (2010). DOUE C83, 30-3-2010 https://www.boe.es/doue/2010/083/Z00013-00046.pdf

SÁNCHEZ-GONZÁLEZ, M., & KOCH, L. (2019). From compulsory to voluntary counselling in tandem. In Redefining tandem language and culture learning in higher education (pp. 237-252). Routledge.

SHEEHAN, D., & BRYANT, M. (2019). Internationalisation and University Partnerships: A Case Study In Franco-Russian Cooperation. In Олимпийское наследие и крупномасштабные мероприятия: влияние на экономику, экологию и социокультурную сферу принимающих дестинаций, pp. 16-18.

Aplicaciones y conflictos de la Inteligencia Artificial en la educación en el contexto de la UE

Álvaro Fernández Otero
Alba Ferreiro Menéndez
Carlos García Álvarez
Javier Méndez-Navia Fernández
Universidad de Oviedo

«Artificial Intelligence is at a pivotal moment for both regulation and technology development. The choices we make now could shape European life for decades to come»

(Bouchet, 2020, pág. 60)

1. Introducción

En los últimos años se han desarrollado nuevas herramientas de inteligencia artificial (IA) que tienen una alta capacidad creativa y gran cantidad de información. Estas IA son capaces de realizar muchas tareas que ahora llevan a cabo los seres humanos, desde programar, escribir una historia, traducir e incluso realizar un trabajo como si fuera un alumno. Estas habilidades pueden ayudar mucho a facilitar ciertas tareas a las personas, pero también pueden generar problemas por una excesiva delegación de tareas en la IA y dependencia de esta.

Una aplicación para la educación podría basarse en una herramienta que ayude a los estudiantes con la búsqueda de información para responder ciertas preguntas, como lo fue Google en su día. Sin embargo, su uso también podría llegar a ser problemático y provocar que las tareas no sean hechas de forma totalmente original por los alumnos, lo que también conllevaría carencias en el proceso de aprendizaje.

El objetivo de este trabajo es analizar cómo se utilizan las herramientas de IA en el sector educativo, contextualizando dicho objeto en el marco de la Unión Europea, cuya preocupación por la ia arrancó con algún retraso respecto a otros grandes actores, como EE. UU. y China. La UE-27 pretende aprovechar la inteligencia artificial de forma ética, segura, vanguardista y europea. Para ello dispone de universidades con enorme arraigo y prestigio y no puede quedar ajena a un desafío importante, a beneficios indudables ni a usos indebidos de la IA.

Una vez definidos los planteamientos derivados de las instituciones europeas, procederemos a ver el uso que se le da a la IA, principalmente por parte de los alumnos en la realización de trabajos universitarios, y el principal problema que plantea: nuevas formas de plagio indetectables hoy en día. Además, profundizando en el análisis de dicho inconveniente, a continuación, se muestran los resultados de un experimento realizado con el fin de comprobar la fiabilidad de las herramientas antiplagio disponibles. Para perseguir este objetivo, hemos tratado de ver si existe alguna manera por la que los alumnos puedan sortear las mismas y lograr que no sean detectados textos en los que el autor original es una inteligencia artificial.

El trabajo se organiza de la siguiente manera: se plantea una aproximación a la estrategia y al marco regulatorio que se está definiendo en la UE como paso previo para proceder, en concreto, a la parte de investigación. Se analizan, igualmente, las políticas explícitas hechas por algunas universidades significativas de la UE-27 en torno a la utilización de la IA para el desarrollo de los procesos de aprendizaje y, en particular, para la elaboración de trabajos académicos.

El trabajo se estructura de la siguiente manera: En la sección 1 se define el concepto de Inteligencia Artificial y se introduce la herramienta conocida como ChatGPT; en la sección 2 se analizan las aplicaciones de la IA en la educación; en la sección 3 se discuten los potenciales conflictos que el uso de la IA conlleva en el sector educativo, en la sección 4 se presenta el experimento realizado para comprobar las herramientas de detección de plagio, y finalmente en la última sección se concluye con una opinión de los autores.

2. La Inteligencia Artificial y su consideración en la Unión Europea

La Inteligencia Artificial (IA) es una rama de la informática que busca desarrollar sistemas que puedan realizar tareas que, hasta ahora, solo podían ser llevadas a cabo por seres humanos. Estas herramientas son capaces de aprender, razonar y tomar decisiones de forma autónoma con eficiencia. El *Machine Learning* (aprendizaje automático) es una técnica dentro de las IA que se basa en algoritmos que permiten a un sistema «aprender» de los datos sin estar explícitamente programado para ello. En lugar de darle al sistema una serie de reglas explícitas para realizar una tarea, se le da un conjunto de datos y un algoritmo que le permite aprender patrones y observar relaciones con la información que se le ha aportado. De esta manera, la IA puede mejorar su rendimiento a medida que se le proporcionan más datos. El *Machine Learning* es clave y diferenciador porque permite que los sistemas sean más adaptables y flexibles en lugar de simplemente seguir un conjunto de reglas predefinidas. Además, aporta la capacidad de aprender y adaptarse a medida que recibe más datos, lo que significa que pueden mejorar su rendimiento a lo largo del tiempo. Esto es especialmente útil en situaciones en las que los datos pueden variar, como en la detección de fraudes o en la identificación de patrones en el mercado financiero. En resumen, el *Machine Learning* es un punto diferenciador en las IA porque permite a los sistemas aprender y mejorar a partir de los datos, lo que les hace más eficientes y precisos en su desempeño.

La irrupción de la Inteligencia Artificial ha llevado a la UE a interesarse por la contribución de esta en el bienestar colectivo, empezando por plantearse una estrategia, y desarrollando la regulación de diversos aspectos. La preocupación pivota sobre temas relativos a la centralidad del ser humano, al empleo, a la defensa del consumidor, a la propiedad intelectual y otros muchos, avanzando de planteamientos generales iniciales a una progresiva consideración de niveles precisos de mayor desarrollo.

Para la mejor comprensión de lo que ha llegado a configurarse, se ha pretendido partir de las iniciativas de muy diverso tipo que intentan optimizar el uso de la Inteligencia Artificial en la Unión Europea, para posteriormente incidir en el análisis de su aplicación en el ámbito educativo, y más concretamente en la realización de trabajos académicos, lo que constituye el objeto del presente capítulo, como ya se ha reseñado.

2.1. Actuaciones de la UE en materia de Inteligencia Artificial

Los esfuerzos previos desarrollados por distintas instituciones de la UE se vieron redoblados a partir de octubre de 2017, cuando el Consejo Europeo planteó a la Comisión la necesidad de proponer un planteamiento expreso en torno a la IA, en el marco del Mercado Único Digital. Esto dio lugar a la generación de un documento en el que se aborda muy panorámicamente lo que la Inteligencia Artificial puede comportar para la UE. En primer lugar, se procede a una definición de aquella como «los sistemas que manifiestan un comportamiento inteligente, pues son capaces de analizar su entorno y pasar a la acción –con cierto grado de autonomía– con el fin de alcanzar objetivos específicos» (Comisión Europea, 2018, pág. 1). Los fines enunciados son, tal y como constan textualmente en el documento com de referencia, los que se reproducen seguidamente:

1) Potenciar la capacidad tecnológica e industrial de la UE e impulsar la adopción de la ia en todos los ámbitos de la economía;
2) Prepararse para las transformaciones socioeconómicas que origina la IA, **fomentando la modernización de los sistemas de educación y formación;**
3) Garantizar el establecimiento de un marco ético y jurídico apropiado, basado en los valores de la Unión y en consonancia con la Carta de los Derechos Fundamentales de la UE.

El principal reto propuesto es el de «preparar a la sociedad en su conjunto» para un escenario nuevo en el que se pretenden mejoras múltiples en ámbitos que se detallan, sin menoscabo del respeto a valores encarnados en la UE. Se pretende una IA que sea ética, segura, vanguardista y europea. Al efecto, se secuencian distintos objetivos y metas y se propone que se haga la oportuna dotación presupuestaria para IA en el Marco Financiero Plurianual 2021-2027.

Hay que considerar que el conjunto de inversiones en IA de la UE representaba, en 2016, una cuarta parte de las realizadas en Estados Unidos y la mitad de las de los países asiáticos, conforme indican fuentes de la Comisión Europea.

Diversos investigadores señalan el retraso de la UE respecto a Estados Unidos y China en lo relativo a Inteligencia Artificial, disponiendo de menos fondos al respecto (Hoffman y Nurski, 2021). Esto ha comenzado a ser subsanado, al menos parcialmente, por el enfoque y las dotaciones del instrumento excepcional de recuperación temporal Next Generation. El conjunto de actuaciones que están desarrollándose pretende, entre otras cuestiones, que la inteligencia artificial nos pueda ayudar frente al cambio climático, para mejorar la salud, el transporte y la educación.

Un capítulo recurrente en el tratamiento de la IA en la UE corresponde a la prevención del mal uso de datos, discriminaciones de cualquier tipo (de género, sociales, culturales) y el mantenimiento de la diversidad. En tal sentido, destaca la creación del Grupo Independiente de Expertos de Alto Nivel Sobre Inteligencia Artificial (GANIA) por parte de la Comisión Europea en junio de 2018, lo que dio lugar en 2019 a una publicación referenciada en la bibliografía. En dicho documento se indica cómo ha de ser la Inteligencia Artificial, destacando tres aspectos fundamentales:

> 1. la IA debe ser lícita, de modo que se garantice el respeto de todas las leyes y reglamentos aplicables;
>
> 2. también ha de ser ética, es decir, asegurar el cumplimiento de los principios y valores éticos; y, finalmente,
>
> 3. debe ser robusta, tanto desde el punto de vista técnico como social, puesto que los sistemas de IA, incluso si las intenciones son buenas, pueden provocar daños accidentales
>
> (GANIA, 2019, pág. 6)

Como consecuencia de los diversos pasos, desde la iniciativa política a la constitución de grupos de trabajo a la reglamentación, se ha progresado en el tratamiento que ha de darse a la IA, si bien queda todavía un recorrido para consolidar nueva normativa. En opinión de autores destacados, la de la UE «es la propuesta de regulación de la ia más estricta que se haya puesto sobre la mesa» (Ortega, 2021, pág. 2)

Una primera conclusión nos llevaría a indicar que ha sido grande el interés con el que se ha acogido la IA en la UE durante los últimos años, particularmente en el Parlamento Europeo. Se han formado las bases que han de soportar desarrollos futuros, pero queda un largo camino a completar, sobre todo teniendo en cuenta la complejidad institucional y las pretensiones de alto rigor existentes.

La reglamentación que ha venido desarrollándose (Comisión Europea 2021*a* y *b*) supone un desafío, en el que se combina la necesidad de ubicar el uso de la Inteligencia Artificial, aprovechando las ventajas que ha de procurar para el bienestar social general, a la vez que se mantienen derechos fundamentales y valores de la Unión.

> El Reglamento del Parlamento Europeo y del Consejo relativo a las normas armonizadas en materia de inteligencia artificial (en lo sucesivo, «Reglamento de IA») tiene por objeto mejorar el funcionamiento del mercado interior mediante el establecimiento de un marco jurídico uniforme, en particular para el desarrollo, la comercialización y la utilización de la inteligencia artificial (IA) de conformidad con los valores de la Unión.[1]

Tras algunos aplazamientos, el Consejo aprobó el Reglamento sobre Inteligencia Artificial el 21-5-2024 (Consejo de la UE, 2024), por lo que, tras su próxima publicación en el DOUE, existe un nuevo escenario. La compleja puesta en marcha de cuanto se regula ha obligado a establecer un calendario para escalonar la implementación, hasta llegar al asunto más complejo, las obligaciones para los sistemas de alto riesgo, en un plazo de tres años.

Los medios de comunicación han recogido desde hace tiempo la idea de que la Unión Europea es quien aprueba las primeras normas del mundo sobre la Inteligencia Artificial en su conjunto, algo de lo que debemos congratularnos, pero que conlleva una dificultad máxima. La transversalidad de la Inteligencia Artificial abre vastísimos campos y se combina con un cambio continuo

[1] Esta referencia básica constituye el punto de partida del Reglamento (UE) 2024/1732 del Consejo, de 17 de junio de 2024, por el que se modifica el Reglamento (UE) 2021/1173 en lo relativo a una iniciativa de EuroHPC para que las empresas emergentes den impulso al liderazgo europeo en inteligencia artificial fiable.

y rápido en el ámbito tecnológico; además, no cabe ignorar la dimensión ético-moral que comportan las posibilidades de manejar datos, incluso biométricos, clasificar a las personas, o promover prácticas monopolísticas, por citar solo algunas de las delicadas cuestiones que están presentes en la discusión sobre el control de la Inteligencia Artificial. Algunos autores (Hacker, 2018) llegan a plantear abiertamente la imposibilidad de que un sistema jurídico pueda llegar a regular plenamente la Inteligencia Artificial, cuyas extensiones exigirán continuos esfuerzos de adaptación. Así, ocurre que temas como el del fraude académico, que se aborda en este capítulo, quedan pendientes de desarrollos futuros. Una vez aprobado el Reglamento de IA, están pendientes de definir y aprobar algunas directivas que aborden temas de tanto calado como la responsabilidad derivada del uso de la inteligencia artificial.

2.2. Educación e Inteligencia Artificial en la UE

En lo que concierne a la educación, la ue sigue las recomendaciones de la UNESCO sobre la IA (UNESCO, 2019, 2021), en las que se insiste en el componente ético, el pensamiento crítico, la práctica responsable con las nuevas herramientas, y se atiende a las implicaciones que suponen, tanto para la convivencia como para el mercado de trabajo.

En la sección c del apartado de *Oportunidades que ofrece Ejemplos una IA fiable*, puntos 127 y 128, contenidos en la página 44 del informe ya citado (Grupo independiente de expertos de alto nivel sobre IA, 2019), se hace referencia a la educación de calidad y la transformación digital, poniéndose especial énfasis en la preparación para un mercado laboral con nuevos requerimientos, así como en la potencialidad de las herramientas para mejorar los procesos de aprendizaje. Es importante tener en cuenta que los problemas que se adivinan en el horizonte son de mayor calado que los considerados para el ámbito académico en este capítulo y tienen que ver, fundamentalmente, con los límites en el uso de las tecnologías y el respeto a las personas.

Cabe destacar el trabajo desarrollado en el Parlamento Europeo, lo que dio lugar a un informe aprobado en sesión plenaria el 19 de mayo de 2021 en el que se plantearon, entre otras muchas cuestiones, que los docentes deberían poder corregir decisiones provenientes de IA, particularmente cuando se selecciona a estudiantes, y en los procesos de evaluación de estos. Se insiste en la necesidad de mejorar la capacitación general para el uso de la IA en distintos ámbitos de la educación, a la vez que se indica cómo los profesores no pueden ser nunca sustituidos por IA, sobremanera en los niveles educativos que conciernen a la población infantil: el ser humano ha de ser central, ejercer la responsabilidad, el control y tener la última palabra.

Siendo muchas las preocupaciones éticas que conciernen a derechos fundamentales, es lógico que no se haya entrado aún en implicaciones de otro nivel, como las que vamos a considerar en el núcleo de este capítulo. Se han valorado aportaciones múltiples de la IA, pero podríamos resaltar que para el ámbito educativo se han contemplado aspectos como la igualdad, la promoción de personas desfavorecidas, la decisión humana en procesos de selección y evaluación, la preeminencia del profesorado, así como la capacitación de quienes han de acceder al mercado de trabajo para la mejora de la productividad. Sin embargo, no se ha considerado, hasta el momento, el uso de la IA para la realización de trabajos académicos. Las menciones al uso de la IA en educación son genéricas: «*promote robotics in education for all age, gender and social groups, to raise awareness and trust, including the use of robotics as tools to support learning and training, in line with the initiatives in the skills and talent section*» (Comisión Europea, 2021, pág. 46).

Una segunda conclusión es que, pese a que la educación aparece transversalmente en diversos párrafos de los documentos elaborados en el ámbito de la UE, las menciones resultan generales por el momento y no entran en el campo específico que es objeto de este trabajo, la posibilidad de que se desarrollen usos fraudulentos. Si acaso, pudiera decirse que la preocupación por la propiedad intelectual está más definida, pero abarca un universo significativamente mayor que el aquí considerado.

En lo que se refiere a las Universidades de la UE-27, hemos indagado sobre la política que las mismas mantienen en torno al uso de la IA en trabajos realizados por los estudiantes. Hay una extensa tradición universitaria en Europa y, con variantes entre los distintos estados, existen reglamentaciones que pretenden impedir el fraude académico. La difusión en el uso de las IA plantea un nuevo desafío y hemos pretendido analizar en qué medida ha sido o no contemplado en el ámbito de la educación de tercer nivel. No se ha realizado un estudio exhaustivo, sino que hemos procurado conocer qué se plantea, de modo general, y si se dan iniciativas concretas en las que se regule, de algún modo, las IA.

Analizados los reglamentos de diversas universidades, hemos podido constatar que todos los casos estudiados, sin excepción, coinciden en la consideración del plagio como una infracción grave del código académico. Igualmente, hemos constatado que han adoptado medidas para impedir y penalizar el plagio, en particular mediante los sistemas informáticos estandarizados para la detección del mismo. En general, se considera el plagio como la entrega de trabajo académico de otros como propio, así como la consecución deshonesta o fraudulenta del mismo, incluyéndose también la presentación de un trabajo similar para la obtención de títulos diferentes (de grado y máster, por ejemplo). Las consecuencias que pueden derivarse varían, e irían desde una calificación negativa o la pérdida de nota hasta la misma expulsión de la universidad.

Hemos detectado que algunas universidades se refieren explícitamente a los límites en el uso de la inteligencia artificial, permitiéndola para unos cometidos determinados, pero impidiendo su uso en tareas que hayan de suponer un aprendizaje del estudiante para lograr habilidades o competencias y, en particular, para la elaboración y presentación de trabajos académicos como pudieran ser los necesarios para acceder a los distintos grados.

3. El uso de la IA para la realización de trabajos: detección del fraude académico

El fraude académico tiene una percepción desigual en estados con diferencias culturales y sociales, como ya hemos apuntado y resalta una de las principales investigadoras especializadas: «*Perhaps the greatest impediments to progress in academic integrity across the eu are the lack of consensus over what constitutes plagiarism, differences in academic standards, expectations of academic tutors and educational priorities*» (Glendinning, 2014, pág. 18).

Así, ha sido siempre motivo de fortísimas sanciones en los países del ámbito anglosajón e incluso en otros europeos continentales, mientras que se ha observado mayor laxitud en el área mediterránea. No obstante, todas las orientaciones educativas de las últimas décadas incluyen expresamente objetivos que tienen que ver con la honestidad, la rectitud, y proponen evitar cualquier sistema que permita a alguien utilizar medios ilícitos para mejorar sus resultados académicos, sea en exámenes o en trabajos que deba realizar.

Se han desarrollado estudios que abordan dicha temática, como el anteriormente citado,[2] que han tratado de enmarcar el problema en el contexto europeo, dentro del que se ha desarrollado el proyecto Impact of Policies for Plagiarism in Higher Education Across Europe, surgido en el Reino Unido hace tres lustros.

Uno de los múltiples aspectos considerados es el abuso de herramientas digitales inapropiadas, incluso antes de que la inteligencia artificial llegase a tener implantación. En cuanto a la consideración del problema en el ámbito de la Inteligencia Artificial, es preciso llegar a una primera toma de conciencia, tras la que inevitablemente conviene centrarse en la detección de los fraudes y en cómo apoyar al profesorado para defender la integridad del sistema, procediéndose finalmente a lograr estrategias pedagógicas que puedan evitar el plagio, integrando las posibilidades que ofrece la IA en un trabajo adecuado de los estudiantes (Kumar *et al.*, 2024).

> *There is no doubt that AI brings significant change to education. As with any other technology, it extends and enhances human abilities and may be used both in a positive and a negative way. ENAI urges national policymakers, institutions, and all individual members of the academic community to seek ways on the ethical use of AI and share best practices in order to benefit from the opportunities that AI brings to education and science.*
>
> ENAI https://edintegrity.biomedcentral.com/articles/10.1007/s40979-023-00133-4

---

2 Irene Glendinning, profesora de la Universidad de Coventry, ha desarrollado diversas investigaciones y participado en grupos que abordan el tema a lo largo de todo el mundo, pero partía inicialmente de su ámbito institucional y académico. Su perspectiva consideradora de la Unión Europea ha quedado truncada por el Brexit en las investigaciones de los últimos años.

Las universidades se han dotado de códigos éticos, los documentos de verificación de los títulos y las guías docentes incluyen especificaciones acerca del comportamiento que han de seguir, en todo momento, quienes componen la comunidad universitaria. Incluso alguna universidad ha estimado conveniente formular una declaración específica en torno al uso de la Inteligencia Artificial.[3]

ChatGPT, la nueva herramienta que pone en jaque a la Universidad, es un modelo de lenguaje artificial entrenado por OpenAI, una de las organizaciones líderes en investigación en inteligencia artificial. Fue desarrollado utilizando una técnica llamada *transformer* que permite aprender patrones en grandes conjuntos de datos. Su entrenamiento se basó en una gran cantidad de datos de texto de la web, como noticias, artículos, libros páginas, entre otros. Durante esta fase, se enseñó a la aplicación a entender y producir lenguaje natural, lo que le permite responder preguntas y generar texto de forma autónoma. Como modelo de lenguaje, es capaz de hacer infinidad de tareas, desde responder preguntas simples hasta crear historias completas o incluso generar código. También puede traducir texto de un idioma a otro, escribir poesía o incluso crear diálogos convincentes entre personajes ficticios. Su popularidad se ha disparado en los últimos años debido al gran avance en la investigación de la inteligencia artificial y el aumento en la demanda de sistemas de procesamiento de lenguaje natural y chatbots. Como resultado, cada vez más empresas y organizaciones están utilizando modelos de lenguaje como ChatGPT para automatizar tareas de atención al cliente, análisis de datos y otras labores que involucran procesamiento de lenguaje natural. En cuanto al futuro de este tipo de aplicaciones, se espera que los modelos de lenguaje similares continúen mejorando en su capacidad para entender los textos coloquiales y producir respuestas más convincentes y coherentes. También se espera que la integración de modelos de lenguaje en aplicaciones y sistemas de inteligencia artificial siga aumentando, lo que significa que es probable que se use cada vez más en una variedad de campos y aplicaciones.

---

3 Es el caso de UNIR, que en concordancia con su política de Responsabilidad Social Corporativa ha publicado un documento sobre el uso de la Inteligencia Artificial en la Educación Superior. https://www.unir.net/actualidad/responsabilidad-social-corporativa/declaracion-unir-para-un-uso-etico-de-la-inteligencia-artificial-en-educacion-superior/

3.1. Aplicaciones de la IA, su uso por parte del alumnado

En los últimos meses, las herramientas descritas anteriormente han ganado especial relevancia ya que universidades de todo el mundo han detectado que sus alumnos las utilizan para la realización de trabajos o incluso exámenes, y que, a falta de su regularización, supone un desafío para las instituciones. Aparte de estas aplicaciones prácticas, la Inteligencia Artificial puede suponer un salto cualitativo en la forma en la que se imparte la educación. Si las herramientas se utilizan de manera adecuada tanto por profesores como por alumnos, las herramientas de ia, como se ha explicado anteriormente, pueden ser usadas en infinidad de sectores y actividades. Por parte de los alumnos, las principales aplicaciones pasan por la redacción de extensos textos sobre prácticamente cualquier tema con solo una pregunta sencilla, o la capacidad de realizar resúmenes y análisis de manera automática. Además, las respuestas de la herramienta son personalizadas para cada usuario, de manera que ante la misma pregunta responderá de maneras diferentes, lo que conlleva problemas para la detección de plagios. Es capaz de analizar extensas cantidades de datos de manera rápida y eficiente y proporcionar información valiosa sobre patrones, tendencias y relaciones ocultas en dichos datos. A partir de lo anterior, permite predecir eventos futuros o modelar situaciones complejas basadas en datos históricos y patrones identificados.

4. El plagio: potencial conflicto en el uso de la IA en la educación

Las herramientas de inteligencia artificial aseguran que las respuestas generadas sean únicas e individualizadas. Si esto es cierto, las aplicaciones de plagio que se están utilizando en la actualidad no serían capaces de detectar un texto redactado, por ejemplo, por ChatGPT. Ya están surgiendo debates sobre el uso de estas aplicaciones en las universidades y escuelas de todo el mundo. Por ejemplo, las escuelas públicas de Nueva York prohíben el uso de ChatGPT tras detectar que los alumnos lo estaban utilizando en la realización de todo tipo de trabajos y exámenes. El bloqueo de la aplicación se realiza en los dispositivos de los centros y en las redes wifi debido a que consideran que no ayuda a desarrollar el pensamiento crítico ni la resolución de problemas. Los directores de las escuelas aseguran que «(ChatGPT) tiene un impacto negativo en el aprendizaje de los estudiantes y que preocupa la seguridad y precisión de su contenido». Sin embargo, el conflicto no termina aquí, ya que, aunque se bloquee la aplicación en el centro, los alumnos la podrán seguir utilizando en sus dispositivos personales cuando estén fuera del centro. Llegados a este punto, y viendo la imposibilidad de conseguir que los estudiantes no utilicen la aplicación, cabe preguntarse si existe alguna herramienta que consiga detectar si un texto ha sido escrito por la IA o si es verdaderamente trabajo legítimo del alumno. En la actualidad, son varias las herramientas que están tratando de desarrollar un software capaz de detectar a las inteligencias artificiales: Una de las más novedosas y que mejor acogida está recibiendo es GPT Zero, desarrollada por Edward Tian, un estudiante de la universidad de Princeton. Esta plataforma asegura tener una fiabilidad del 98 % (siempre y cuando el texto introducido sea en inglés). Posteriormente hemos puesto a prueba la herramienta para comprobar si cumple lo que promete. Por otro lado, OpenAI, la desarrolladora de ChatGPT, también ha lanzado una herramienta para tratar de detectar textos escritos por su inteligencia artificial. Denominada «Clasificadora de textos de IA», pretende identificar los enunciados en una escala que incluye 5 posibilidades, desde «muy improbable» hasta «probablemente generado por inteligencia artificial». Para que la herramienta lleve a cabo el diagnóstico deberemos introducir un texto en inglés de entre 150-200 palabras y como mínimo 1000 caracteres. Cabría esperar que, dado que esta herramienta ha sido desarrollada por los mismos programadores que ChatGPT fuera bastante eficiente, sin embargo, los propios desarrolladores consideran que tan solo es capaz de identificar que un texto ha sido escrito por una ia en un 26 % de los casos, por lo que no resultaría muy fiable *a priori*. Se espera que en el futuro las herramientas mencionadas con anterioridad y otras empresas renombradas de detección de plagio como Turnitin sigan trabajando para conseguir detectar con eficiencia los textos escritos por una inteligencia artificial, buscando, por ejemplo, patrones en la formación de las frases. Sin embargo, este camino puede resultar complicado, ya que las inteligencias artificiales evolucionan con mucha rapidez, incorporando nuevas versiones más sofisticadas. Además, resultaría muy difícil de detectar correctamente un texto escrito por una IA si se añaden fragmentos de frases escritas por una persona, o si se altera el orden del texto.

5. Análisis empírico

Se ha realizado un experimento para tratar de comprobar la eficacia de los detectores de plagio mencionados con anterioridad. Para ello, primeramente, se ha procedido a introducir un texto que ha sido escrito por una herramienta de inteligencia artificial, con más de 1000 caracteres y en inglés. Se preguntó a Chatgpt: «*Write a text (minimum 250 words) about how football is played*» A lo que la herramienta contestó:

Football, also known as soccer in some countries, is a popular team sport played around the world. It is a sport that requires skill, strategy, and teamwork to succeed. Football is played on a rectangular field with a goal at each end, and the objective of the game is to score more goals than the opponent. The game is played by two teams, each consisting of eleven players, including a goalkeeper. The players are divided into different positions on the field, each with a specific role to play. These positions include defenders, midfielders, and forwards. The game begins with a kick-off, where one team passes the ball from the center of the field to start the game. The team that starts with the ball is called the attacking team, and their objective is to move the ball towards the opponent's goal and score a goal. The opposing team, known as the defending team, tries to prevent the attacking team from scoring by intercepting the ball or tackling the attacking players. The game is played in two halves, each lasting 45 minutes, with a 15-minute break in between. During the game, players can use different parts of their body to control the ball, including their feet, legs, torso, and head. Players can pass the ball to their teammates using their feet, and they can also shoot the ball towards the opponent's goal to score a goal. The game is governed by a set of rules and regulations, which are enforced by a referee and two assistant referees. These rules are designed to ensure fair play and prevent dangerous or unsportsmanlike behavior. In conclusion, football is a thrilling sport that requires skill, strategy, and teamwork. It is a game loved by millions around the world and has become a symbol of national pride and identity in many countries. Whether played at a professional or amateur level, football remains a beautiful game that brings people together and creates lasting memories.

Se procedió a introducir dicho texto en la primera herramienta que asegura detectar trabajos escritos por IA: GPT Zero. Comprobamos que es capaz de asegurar que el texto que ha sido «probablemente» escrito por una inteligencia artificial. Por otro lado, el clasificador de textos de OpenAI también consideró que es «posible» que el texto haya sido generado por una inteligencia artificial, pero no es capaz de detectarlo con rotundidad: A continuación, para comprobar también la eficiencia de la propia inteligencia artificial se pidió que el texto anterior fuera reformulado e indetectable (*a priori* observamos que apenas ha hecho modificaciones, los textos son prácticamente idénticos salvo en algunos sinónimos):

> *Soccer, which is commonly known as football in many parts of the world, is an incredibly popular team sport enjoyed globally. This game requires a combination of skill, strategy, and teamwork to succeed. The sport is played on a rectangular field with a goal located at each end, and the aim of the game is to score more goals than the opposing team. Each game consists of two teams, each comprised of eleven players, including one goalkeeper. The players are divided into specific positions on the field, such as defenders, midfielders, and forwards, each with their own role to play. The match commences with a kick-off, where one team passes the ball from the center of the field to start the game. The attacking team then moves the ball towards the opponent's goal to score a goal, while the defending team tries to prevent them from doing so by intercepting the ball or tackling the attacking players. The game is played in two halves, each lasting 45 minutes, with a 15-minute break in between. During the match, players can control the ball using various parts of their body, including their feet, legs, torso, and head. Passing the ball using their feet is a common tactic, while shooting the ball towards the opponent's goal is how points are earned. A set of rules and regulations govern the game, which are enforced by a referee and two assistant referees to ensure fair play and prevent dangerous or unsportsmanlike behavior. Overall, soccer is an exhilarating sport that requires a combination of skill, strategy, and teamwork. It's a sport that is beloved by millions of people worldwide and has become a symbol of national pride and identity in many countries. Whether it's played at a professional or amateur level, soccer is a beautiful game that brings people together and creates lasting memories.*

Al introducir este texto en ambas herramientas de plagio se obtienen los mismos resultados, por tanto, se extraen 2 conclusiones: Parece que ambas herramientas son capaces de llevar a cabo su cometido y que ChatGPT no logra realizar modificaciones indetectables. Además, tras esta primera conclusión procedimos a cambiar manualmente parte del texto, lo escribimos con nuestras propias palabras y alteramos el orden de algunas frases. La herramienta GPT Zero sigue concluyendo que el texto ha sido escrito por la IA. Ahora, se introdujo el mismo texto en un software de reformulación y al volver a utilizar la herramienta antiplagio el resultado fue que no está claro si ha sido escrito por IA o no. Es decir, una vez que modificamos el formato del texto, este no es detectado como escrito originalmente por una IA. Tras estos experimentos, se comprueba que las herramientas de detección de plagio pueden ser útiles para su propósito. Yendo un paso más allá, tratamos de comprobar si existe alguna manera en el que los alumnos puedan plagiar textos sacados de alguna fuente sin que estas herramientas lo detecten.

Para ello, se pidió a ChatGPT que reescribiera un párrafo sobre «cómo jugar a fútbol» copiado directamente de la página oficial de los Juegos Olímpicos. Tras introducirlo tanto en los detectores de IA utilizados anteriormente como en herramientas antiplagio convencionales, ninguno ha sido capaz de identificarlo como escrito por una inteligencia artificial ni como extraído de una página de internet. Por tanto, parece que hemos encontrado una forma en la que el plagio no sea detectado ni por las herramientas convencionales ni por los detectores de IA: reformular un texto original de la web con una herramienta de inteligencia artificial. En definitiva, aunque los detectores de IA cumplan su cometido para textos escritos directamente por estas herramientas, siempre existirán alternativas con las que los alumnos puedan sortearlas.

6. Conclusión

La UE está desarrollando una estrategia propia claramente orientada, pero que posiblemente adolezca de lentitud y en la que, por tanto, no se ha llegado a profundizar aún en la consideración del uso de las IA en niveles como el que se analiza en este trabajo, pese a la aprobación del Reglamento de ia en 2024. Hay grandes expectativas en cuanto a la contribución de la inteligencia artificial a la productividad, se secuencian fórmulas para la adquisición de conocimientos que permitan aprovechar las IA en las actividades económicas, en la lucha contra el cambio climático y en otros grandes temas, pero, sobre todo, se trata de aislar una influencia perniciosa que lleve a un uso indebido y, en particular, a una sustitución de la persona por la máquina en el ámbito decisional. Las consideraciones en torno a educación son muy transversales y generales en la cúpula europea, sin embargo, hay universidades que ya están contemplando y regulando una realidad que perciben en su entorno.

Consideramos que la incorporación de las inteligencias artificiales está suponiendo grandes avances y tiene multitud de usos como hemos mencionado con anterioridad. A pesar de que hay mucha controversia con el auge de este tipo de herramientas, el debate actual nos parece comparable con el de Google hace años. Al principio, los educadores eran muy reacios a su uso en el aula, sin embargo, con el paso del tiempo han sabido incorporar esta herramienta en las dinámicas de aprendizaje y ahora resultaría algo insólito ver que alguien se manifieste contra su empleo. Consideramos que lo mismo ocurrirá con ChatGPT y similares, pasará un tiempo hasta que se encuentre la forma de trabajar con él adecuadamente, sin comprometer el correcto aprendizaje de los estudiantes. Tratar de ir en contra de las inteligencias artificiales no es algo factible, estas plataformas siguen avanzando y quizá lo más complicado es restringir su uso, ya que hoy en día la mayoría de las personas poseen móvil y ordenador propio donde tienen libre acceso en la web.

En cuanto a las herramientas de detección de plagio que hemos utilizado para nuestro análisis empírico, nos sorprendió descubrir que –*a priori*– funcionan bastante bien y que detectan que los textos han sido escritos por inteligencia artificial, a pesar de haber realizado modificaciones con el objetivo expreso de que la plataforma se equivocara. Nos llama también la atención que la mejor herramienta que funciona es la que ha sido desarrollada de forma independiente por un universitario y no la de OpenAI. Esto puede ser debido a que los desarrolladores de ChatGPT están íntegramente centrados en mejorar su inteligencia artificial o no tienen interés en que existan herramientas capaces de detectarla. Además, al haber encontrado, en solo un par de sesiones, un proceso por el que podemos hacer pasar un texto copiado como original sin que las herramientas de plagio lo detecten, creemos que todo intento de prohibir el uso de herramientas de IA es vano, dado el imparable progreso tecnológico que hará que en el futuro próximo estas herramientas sean utilizadas por todos nosotros en nuestro día a día. Nos parece mejor idea empezar a enseñar a los alumnos a sacar el máximo provecho de estas herramientas, lealmente y con total transparencia, que prohibir su uso indiscriminadamente.

Bibliografía

All European Academies ALLEA (2023). *The European Code of Conduct for Research Integrity.* https://allea.org/code-of-conduct/

Bouchet, P. (2020). Artificial intelligence: How does it work, why does it matter, and what can we do about it. Panel for the Future of Science and Technology EPRS | *European Parliamentary Research Service.* Recuperado de EPRS_STU(2020)641547_EN.pdf (europa.eu)

Colcelli, V., Burzagli, L. (2021). *Elementos para una cultura europea de desarrollo de herramientas de inteligencia artificial: el libro blanco sobre la inteligencia artificial y las directrices éticas para una IA fiable.* Consejo Nacional de Investigación de Italia IFAC Institute.

Comisión Europea (2018). Documento 25.4.2018 COM (2018) 237 final, de 25-4-2018 Inteligencia artificial para Europa SWD (2018) 137 final. Recuperado de AI Communication (europa.eu)

----- (2021*a*). Propuesta de Reglamento del Parlamento Europeo y del Consejo por el que se establecen normas armonizadas en materia de Inteligencia artificial (ley de inteligencia artificial) y se modifican determinados actos legislativos de la Unión. COM (2021) 206 final.

----- (2021*b*). Anexo a la Communication from the Commission to the European Parliament, the European Council, the Council, the European Economic and Social Committee and the Committee of the Regions Fostering a European approach to Artificial Intelligence. COM (2021) 205 final.

Consejo de la Unión Europea (2024). Reglamento de Inteligencia Artificial: el Consejo da luz verde definitiva a las primeras normas del mundo en materia de inteligencia artificial. Comunicado de prensa de 21-5-2024 https://www.consilium.europa.eu/es/press/press-releases/2024/05/21/artificial-intelligence-ai-act-council-gives-final-green-light-to-the-first-worldwide-rules-on-ai/

Ethics guidelines for trustworthy AI | Shaping Europe's digital future (europa.eu).

EUROPEAN COMMISSION (2018). *Artificial Intelligence for Europe*. European Commission. Brussels. 24 April, 2018. URL - https://eur-lex.europa.eu/legal-content/EN/ALL/?uri=COM:2018:237:FIN

FOLYINEK, T. *et al.* (2023). ENAI Recommendations on the ethical use of Artificial Intelligence in Education. *International Journal for Educational Integrity*.

GRUPO INDEPENDIENTE DE EXPERTOS DE ALTO NIVEL SOBRE INTELIGENCIA ARTIFICIAL GANIA (2019) *Directrices éticas para una IA fiable*. 8-4-2019. Comisión Europea.

GLENDINNING, I. (2014). Responses to student plagiarism in higher education across Europe. *International Journal for Educational Integrity*, 10 (1). https://www.researchgate.net/publication/345729350_Responses_to_student_plagiarism_in_higher_education_across_Europe

HACKER, P. (2018). Teaching Fairness to Artificial Intelligence: Existing and Novel Strategies Against Algorithmic Discrimination Under EU Law, *Common Market Law Review*, N.º 55: pp. 1143-1186.

HOFFMAN, M, NURSKI, L. (2021). The triple constraint on artificial.intelligence advancement in Europe. *Bruegel*. Recuperado de The triple constraint on artificial-intelligence advancement in Europe (bruegel.org).

KUMAR, R., EATON, S. E., MINDZAK, M., & MORRISON, R. (2024). Academic integrity and artificial intelligence: An overview. Second Handbook of Academic Integrity, pp. 1583-1596.

KWAN, C., FOON, K, SIU-YUNG, M (2024). The influence of ChatGPT on student engagement: A systematic review and future research agenda. *Computers & Education*. DOI: 10.1016/j.compedu.2024.105100.

ORTEGA, A. (2021). *Hacia un régimen europeo de control de la Inteligencia Artifial*. Recuperado de Hacia un régimen europeo de control de la Inteligencia Artificial - Real Instituto Elcano.

UNESCO (2019). *Consensus de Beijing sur l'intelligence artificielle et l'éducation, Consenso de Beijing sobre la intelligencia artificial y la educacion, Beijing Consensus on Artificial Intelligence and Education*. 北京共识——人工智能与教育, ПЕКИНСКИЙ КОНСЕНСУС ПО ИСКУССТВЕННОМУ ИНТЕЛЛЕКТУ И ОБРАЗОВАНИЮ. Recuperado de Beijing Consensus on Artificial Intelligence and Education - UNESCO Biblioteca Digital.

UNESCO (2021). Recommendation on the ethics of artificial intelligence. *UNESCO* Recommendation on the Ethics of Artificial Intelligence - UNESCO Biblioteca Digital.